学校文化娱乐活动

项目训练
与比赛

李慕楠◎编著

辽海出版社

图书在版编目（CIP）数据

学校文化娱乐活动项目训练与比赛/李慕楠编．——
沈阳：辽海出版社，2011.11（2013.4 重印）
（学好玩好学校与教育系列）

ISBN 978-7-5451-1139-2

Ⅰ．①学… Ⅱ．①李… Ⅲ．①中小学—文娱活动—组
织管理 Ⅳ．①G632.428

中国版本图书馆 CIP 数据核字（2013）第 046409 号

学好玩好学校与教育系列
学校文化娱乐活动项目训练与比赛

李慕楠/编

出　版：辽海出版社	地　址：沈阳市和平区十一纬路 25 号
印　刷：北京海德伟业印务有限公司	字　数：143 千字
开　本：690×960mm　1/16	印　张：16
版　次：2011 年 3 月第 1 版	印　次：2013 年 4 月第 2 次印刷
书　号：ISBN 978-7-5451-1139-2	定　价：29.60 元

如发现印装质量问题，影响阅读，请与印刷厂联系调换。

前　言

　　文化娱乐活动是文化体育娱乐活动的简称，其娱乐性、趣味性、知识性和多元化结合的特点是广大读者学习之外追求的一种健康生活情趣。

　　学校的文化娱乐活动项目包括音乐、美术、舞蹈、文学、语言、曲艺、戏剧、表演、游艺等多方面内容，广大青少年同学在课余时间通过参加多种形式的文化娱乐活动，能够达到开阔视野、陶冶情操、增长才智、提高能力、沟通人际、适应社会以及改善知识结构，掌握实用技能等效果。在这些文化娱乐活动中，他们通过接受不同形式、不同内容的有益教育，能够受到潜移默化的作用，从而达到提高思想、文化和身体的综合素质，这对造就和培养有理想、有道德、有纪律、有文化、适应时代腾飞的新一代人才有着十分重要的作用。

　　如今的广大学生课业负担都比较重，课堂学习时间与课余活动时间安排不尽合理，往往课余文化生活比较贫乏，适合广大青少年同学娱乐的场所不多，健康的课余文化生活缺乏必要的引导，这是摆在广大教师和教育研究者面前急待解决的重要问题。那么，如何在封闭式学校的管理中处理好繁重的学习压力与课余文化生活的关系呢？如何才能使综合素质得到全面提高呢？

　　为了适应青少年发展的需要，营造良好的校园文化环境，为校园文化娱乐活动的组织策划提供良好的指导，我们特地编辑了这本·《学校文化娱乐活动项目训练与比赛》。本书从学校的实际情况出发，以育人为根本目标，坚

持先进文化的方向，从音乐、绘画、表演、游艺等方面重点对学生的基础知识和操作能力进行训练，努力使他们在娱乐中学到知识，在欢笑中陶冶情趣，并通过系统的训练和比赛，使他们的智力得到开发、知识结构得到改善，最终达到新课标要求的培养高素质的合格人材的目标。

本书涉及到文化娱乐的多种知识领域，具有很强的系统性、实用性和现代性，对于校园文化娱乐活动的组织策划，具有良好的指导作用，非常适合各级学校领导、教师以及有关人员阅读和收藏，也是各级图书馆陈列和收藏的最佳版本。

目　　录

第一章　学校节庆活动理论指导

第二章　学校节庆活动设计指导

第三章　学校联欢活动组织指导

第四章　学校游园活动组织指导

第五章　舞台演出

第六章　音乐表演

第一章
学校节庆活动理论指导

学校节庆活动的组织实施

节庆日文化是校园文化建设的重要组成部分，是构建人文和谐校园的载体。学校开展节庆纪念日主题教育活动，发挥传统节日和重要纪念日的意义，弘扬民族精神，打造和谐发展的学校文化的重要举措。

节庆纪念日，尤其是传统节庆日是中华民族悠久的历史文化的一个重要组成部分。作为传统节日和重大纪念日体现的是一种文化，一种内涵，一种精神寄托，是民族生存和发展途中思索的重要标志。因此，学校应针对不同节日的特点，采用不同的形式、丰富多彩的活动，向学生进行各方面的教育，力求多样化，并提炼了一些有效的活动方式。

调查探究，了解节日内涵

探究是每个孩子的天性，探究的形式更容易激发队员学习的意愿。因此，学校应着重围绕节庆日组织队员开展探究活动，进行小调查。并通过个别采访、上网查找资料等方式完成探究活动，挖掘节庆纪念日教育的内涵，使队员对感恩教育有更深刻地认识和了解。

比如世界勤俭日，学校各中队都应组织队员开展课题调查，通过采访、聊天的形式，了解自己与父辈祖辈童年时在衣食住行等方面的区别。如"如何过生日""如何过年""一年添置多少衣服、玩具"等。使学生在与长辈的聊天过程中，通过比较感受到过去的孩子艰苦的生活、学习条件。然后在个人探究的基础上，写作课题报告，找一找自己身上有哪些浪费的坏毛病。最后辅导员引导队员要珍惜来之不易的美好生活，并学会为祖辈做力所能及的小事，用感恩的言行回报祖辈。

又如在教师节，给教师们赠送小礼物已成了习惯，同学们在活动中非但没有感受教师节的真正含义，反而变成了一种负担。因此，学校可引导学生开展"采访教师的一天，感受教师的辛劳"小课题调查，采访教师的日常生活，包括"每天几点起床，几点睡觉""批多少本作业""上几堂课"等等，

通过探究活动，使同学们感受到教师忙碌的一天，明白教师的用心良苦，进而化为感恩教师的具体行动，如献束尊师花、亲手做感恩卡等。学校则利用板报、橱窗等宣传阵地，教育学生热爱老师，尊重老师，体会老师的一份苦心。在探究的基础上，使同学们进一步了解节日的内涵，明确节日的意义。

体验活动，心灵感悟

如果说调查探究具有自行感悟的优势，那么体验则是同学们直接受教育的一种有效形式。因此在有的节庆日来临之际，学校还可以设计体验活动，通过看似简单的体验环节，让学生有更直观、更真切的体会，使情感得到进一步升华，节庆日行动得到进一步落实。这种实践体验方式也更易赢得学生的青睐。

清明祭扫英烈是有效的情感教育时机，学校可开展以"缅怀革命先贤，继承先烈遗志"为主题的纪念革命烈士活动，带领学生参观烈士生平事迹陈列馆，观看革命先烈的遗物和资料，听解说员介绍革命先烈的丰功伟绩。使学生身临其境，感受先烈的伟大，激发践行爱国誓言的豪情，让师生在活动中接受爱国主义精神的洗礼。

又如中秋节学校可以邀请家长参加"共叙中秋情话"的主题教育活动，让学生向妈妈赠送一块月饼、和妈妈说一句感谢的话语、举行"全家福"照片班级展和"爱在中秋"征文比赛等活动，使学生的情感得到升华，使体验活动收到一定的教育效果。

榜样教育，深化节庆纪念日的文化理念

榜样的教育力量是无穷的，学校应根据学生善于模仿、好胜心强的特点，利用推选阳光少年、校园之星、优秀少先队员等激励机制，树立身边的好榜样，倡导新风尚，促使广大队员模仿榜样的行为，认同榜样的思想道德，期望自身形成榜样的优秀品德，形成自我教育，深化节庆纪念日的教育导向。

可学习的榜样有很多，如：历史事实中的榜样、文艺作品中所描写的人物形象，但学校更多的是挖掘现实生活中的榜样，这样的教育更真实、有可参照性。因此在3月5日学雷锋日，学校可通过红领巾广播向队员们宣传社会上的活雷锋，然后引导队员挖掘身边的感恩小故事，开展"我心目中的小雷锋"评选活动，使队员感受雷锋精神无处不在。

除此之外，学校还应将节庆日教育与感恩教育结合起来，在"感恩五月"的母亲节活动中，开展主题班会，老师鼓励学生主动为父母做家务，向父母

说感恩话语等等，评选出最有孝心的学生，许多学生都积极地行动起来。通过主题活动，使学生了解父母的辛苦，懂得母爱的无私和伟大，让学生真正理解母爱，珍惜母爱，同时也让学生受到了一次中华民族"孝父母、尊长辈"的传统美德的熏陶。

在"六一节"的表彰活动中，学校应让学生明白：用实际行动为学校争光就是感恩学校、感恩老师的好行为，使学生受到更深刻的教育。

以创建绿校为契机，发挥环境纪念日的功效

学校还应利用世界环境日、植树节、世界水日等等具有环境教育意义的纪念日，在全校开展各种形式的环保教育活动，不断加强师生的环保理念，营造浓郁的创建氛围，营造一个整洁舒畅的学习生活场所，使学校师生的环保意识得到加强。长效的宣传活动，富有人性化的护绿标语能够丰富学校的创绿内涵。学校应营造一个人人参与，创建绿色家园，绿色校园，呵护地球家园，构建生态安全与环境友好型社会的活动的良好风气。

在这些环境节日里，各班还可以召开主题班队会，积极争创"文明星中队"，让队员活动过程中提升对节庆纪念日理解，内化为自己的实际行动，实现节庆文化教育的激励作用。

家校社区合作，拓展教育空间

在学校节庆日教育活动中，学校教育的对象除了校园里的教师、学生，更多的是家长、社区。因此学校应将节庆日教育活动延伸到家庭、社区，在节庆日开展红领巾进社区活动，为队员搭建实践回报社会舞台，拓宽教育的渠道。许多活动的教育者，不仅仅局限在辅导员身上，而在家长、校外辅导员、社区共建单位等，使节庆日教育效果也不仅局限在校园，更辐射到了整个社会。端午节、重阳节、劳动节，学校都可以开展一些公益活动，如帮社居委义务宣传、为孤寡老人打扫卫生……与社区居委建立良好的合作互动平台，以形成一个践行节庆日教育的大课堂。

学校庆"六一"活动指导方案

为加强和改进学生思想道德建设，帮助广大学生牢记父母的养育之恩、老师的教诲之恩和社会的关爱之情，增强他们的爱心和社会责任感，提高广大青少年思想道德素养，改善社会风气，建设社会主义精神文明，学校决定"六一"到来之际，开展"感恩教育校园行"活动，具体实施方案如下。

活动时间

（1）5 月 24 日活动课，各班级到政教处报少先队新入队队员名单、抽取演出顺序、并将节目名称、串词、演出形式、演员名单、演出人数电子版发送至学校少先队"六一"文件夹，请注明班级。

（2）5 月 27、28 日中午 12：30 于阶梯教室开始演出。27 日一年级、二年级。28 日三年级、四年级、五年级。为确保演出过程紧凑、顺利，各班必须于演出前将伴奏交给负责音响的教师。

（3）6 月 1 日，先举行少先队入队仪式，随后正式汇报演出，地点另行通知。

参加人员

小学部全体师生。

具体事项

（1）举行别开生面的入队仪式，使每位新入队的少先队员感受到自己的光荣，记住这个难忘的六一；

（2）节目以"知感恩、明责任"为主题；

（3）演出人员由各班自定；

（4）每个中队推选一个质量高的节目参赛，每个节目的时间在 2~6 分钟；

（5）各中队自备伴奏带；（建议用磁带）。

（6）评分标准：（满分 10 分，保留两位小数）。

伴奏带效果好，无杂音；（1 分）

演员服装统一、美观，贴切表演内容；（2 分）

选材有新意，贴近生活，富时代感；（1 分）

表演自然、表情真切；动作优美、整齐；（5 分）

道具美观、精致。（1 分）

（7）评比办法：

各级部将分别评出一、二、三等奖。每级部一等奖、二等奖参加六一汇报演出。

学校庆"五四"活动指导方案

为了弘扬五四精神，对学生进行革命传统教育，展现学校学生的歌唱能力，让学生过一个有意义、富有激情的节日，结合学校实际，特举办"庆五四唱红歌"的赛歌活动，具体方案如下：

活动主题

弘扬五四精神，接受革命传统教育。

具体要求

（1）制定活动方案，评分标准，确定活动目标及要求。

（2）节目准备：4月15日下午第四节课召开筹备会，各班准备节目，节目形式为合唱革命歌曲，各班于4月20日前将节目送交负责老师。

（3）4月20日上午课间操时，各班班主任、班长到教务处分年级抽签确定演出顺序，编排打印节目单。

（4）策划组负责安排整个演出流程，完成节目之间的串词撰写工作。

（5）各班的伴奏用U盘下载后交政教处老师，由政教处老师按节目顺序统一下载到电脑中。

评委职责

（1）认真学习本次演出活动评分标准。

（2）按时参加演出评分工作。

（3）客观、公平、公正地为每一个节目评分。

（4）现场统计分数，现场公布分数，演出结束时及时为活动组委会提供得分结果。

宣传组职责

（1）设计安排悬挂演出现场需用的标语、横幅。

（2）准备获奖班级的奖状。

（3）负责摄像、录像。

安全保卫组职责

（1）布置演出场地，提供音响设备，确保音响畅通。

（2）划分各班学生就座的区域，维持演出时的秩序纪律。

（3）演出期间禁止学生上下教学楼，不准学生到处游荡及打球。

（4）演出结束后，组织学生有序进入教学楼，确保不出任何安全事故。

后勤组职责

（1）提供演出期间所需的电源及需购置的音响设备。

（2）负责筹办演出和颁奖时所用的物品。

（3）为评委组提供茶水。

演出时间

4 月 30 日下午 2：00

演出地点

实验中学操场

活动奖励

七、八年级各设一、二、三等奖各 1 名（以评委现场打分为准）。

学校"教师节"活动指导方案

金秋的 9 月，原本是平凡的日子，却有着辉煌的内涵和五彩缤纷的色彩！"9 月 10 日"，这个普通的日子，正是因为您——人类灵魂的工程师，变得伟大而神圣！

指导思想

通过教师节的各项庆祝活动，表彰、宣传先进教师先进事迹，把今年教师节庆祝活动转化为弘扬、学习优秀教师先进事迹的过程，转化为进一步提升教师师德、在全校营造尊师重教良好氛围的过程，进而激励广大教师敬业爱岗，为人师表；使"和谐、快乐、成功"的办学理念植耕于心，使全校教职工上下一心，为全面推进我校在义务教育均衡发展中作出更大的贡献。

活动主题

建和谐校园，喜迎教师节。

活动时间

2011 年 9 月 10 日 ~ 2011 年 9 月 11 日

活动负责部门

党支部、工会、政教处、团队部、信息中心、总务处

学生活动步骤

（1）"爱生"篇。

全体中队辅导员于 9 月 10 日下午班会课时间，围绕中央电视台"开学第一课"的内容，开展感恩主题队会，带领学生感受各种爱的力量，引导学生学会知足，学会感恩。

（2）"尊师"篇。

学生利用课余时间，准备好给老师的一份礼物，必须是 DIY 作品，于 9 月 10 日教师节当天送给自己最喜爱的老师。

校大队部组织 9 月 10 日早上的校门口的迎师活动，主题为"老师，愿徐徐清风带去我的关怀！"

9 月 11 日下午召开全校教职工大会暨优秀教师表彰会。校大队部派出学生代表为教师节献诗。

教师活动步骤

9 月 11 日下午召开庆祝第 25 届教师节表彰暨联欢会。

13：30～14：30 退休教师茶话会（教工之家）

14：30～15：30 表彰大会：

①学生代表献词

②校长致词

③宣读关于表彰优秀集体、优秀个人的决定

④颁奖

⑤教师代表发言

15：30－16：30 联欢活动（详见节目单）

16：30－17：00 前往"丰收日"

17：00 聚餐

前期准备工作

（1）学生活动。

①团队召开全体辅导员工作会议，布置开展感恩教育主题队会的任务，并做好标准队会仪式的指导。

②团队召开班长例会，布置学生准备一份礼物、班委召开形式多样的庆祝活动等工作。

③团队组织好鼓号队、礼仪队、门勤组的前期培训。

④团队组织学生准备献诗歌。

⑤德育部门组织班主任搞好活动期间的学生安全、学生活动的辅导并进行活动期间的组织协调。

⑥信息中心于 9 月 11 日队会课前核实好各班电脑及喇叭是否可用，并于

班会课时间进行拍照。另在9月10日早上6点50分前保证校门口大电子屏幕上显示如下字样："热烈庆祝第25个教师节！各位老师：您们辛苦了，节日快乐！全体学生敬上。"

⑦后勤组于9月9日前准备好70个小电扇、两根彩带、8个小气球（颜色多样），并保证9月9日下班前门口礼仪桌的布置完好（要求有相当于6张课桌大小的礼仪台，并铺上台布）。

（2）教师活动。

①召开工会委员组室长会议，明确教师节活动时间、任务等事项及分工情况。

②组室宣传动员，组织上报教师节的相关节目

③表彰内容及节目汇总，有序编排，制作PPT，并布置好会场。

④通知全体退休教职工，全程参与活动。

⑤全体退休教职工为节目打分，准备好打分的笔和表格。作为文明组室考核依据之一。

⑥安排好酒店、席位等事项。

本次趣味活动的开展，浓厚了教师节氛围，加强了教职工之间的交流，增强了教职工的凝聚力，让广大教职工感受到了团结、协作的魅力和身心放松的愉悦，有利于广大教职工以饱满的精神面貌投入到教育教学工作中。

学校清明节活动指导方案

活动主题

缅怀革命先烈，弘扬民族精神，争做高素质的当代中学生。

活动目的

（1）告诫新时代的学生勿忘国耻，在和平时期仍应弘扬和继承老一辈革命家和先烈们舍己为国的精神；

（2）增强同学们爱祖国，爱人民，刻苦学习，立志成才，报效祖国的信念与决心，同时使同学们融入到集体中，培养互相协作的能力，共同进步；

（3）通过此次活动使其更加了解我党团的历史，指导思想和宗旨，激发同学们的入团积极性，进一步端正入团动机，争取让更多的优秀学生加入中国共青团。

活动要求

（1）按时集合，不可迟到；

（2）集体活动，安全第一；

（3）保护环境，举止文明；

（4）团结友爱，相互帮助；

（5）遵守队伍纪律，不得擅自离开队伍。

清明扫墓程序

总指挥由副校长担任。

参加人员由学生处主任、学生处副主任、学生处副主任、科研室主任、保卫科科长、团委书记和电教老师组成。

（1）献花篮。（默哀一分钟）

（2）入团仪式、团委书记发表团委决议。

（3）老团员给新团员佩带团徽。

（4）宣誓。

（5）新团员代表、老团员代表和学生代表发言。

（6）学校领导讲话。

（7）向烈士献花

游艺活动

拔河比赛。（搞好卫生捡拾垃圾）

全部活动结束，整顿队列，安全返校。

注意事项

（1）穿着整洁，行为大方。

（2）不准在烈士纪念碑下嬉戏打闹。

（3）要以崇敬的心情参加活动，了解烈士事迹。

（4）讲卫生，不准在烈士陵园里乱吃零食，乱丢垃圾。

（5）不要乱跑，不破坏绿荫草地。

学校植树节活动指导方案

活动目的

以三月份植树节为契机，在全体老师和学生中开展形式多样的护绿行动和植物种植实践体验活动，做到人人参与，宣传与实际行动相结合，从而令孩子们在活动中体验成功的喜悦，增加对植物生长的了解，增强环保意识，生态意识，以达到为班级、学校、社会增添绿色，净化、美化环境的目的。

行动口号

行动起来，争做护绿小使者。

活动时间

2011 年 3 月 2 日至 2011 年 3 月 16 日。

活动内容

（1）植物节宣传活动：

①全校学生自编环保主题手抄报一份，3 月 11 日各班上交 1~2 份手抄报，大队部将评选优秀作品，在宣传窗内展出。

②学校在 3 月 9 日国旗下讲话中向全体老师和学生发出号召：人人参与植树节护绿、养绿系列活动，为美化、净化环境尽一份力。

③各班出一期"绿色环保"的主题板报，3 月 10 日评比。

④我给小树写写诗，结合植树节各项活动，各班组织学生写几首儿童诗，班主任精选 2~3 篇，于 3 月 16 日前上传至德育处—少先队—2011 第二学期—植树节（童诗）文件夹内，大队部将评选出优秀作品，予以表彰。

（2）环保护绿活动：

按照护绿小队，认养校内绿化植物，开展捡垃圾、落叶、养护绿化等活动。

①在各班认养区域内清理杂物

②给本班小树除除草、松松土、浇浇水、修修枝。（各班请自备工具）

③我和小树留个影：在护绿活动中，学生可以拍一些本班同学养护小树的过程，最后还可以与小树合影。

活动时间：3 月 12 日大课间，如天气异常则顺延。

（3）"绿意角"的设计评比：

在植树节前期，在自愿的原则下，学生可以和家长共养一盆绿色植物。3 月 16 日将其拿到班里，教师、学生可以利用这些植物，充分发挥创新能力，将教室装扮成绿意盎然、充满生机的环境。

（4）评比时间：

3 月 19 日中午 12：20 进行。

学校读书节活动指导方案

指导思想

《今日教育》和《课堂内外》是全国公开发行的，面向广大教师和青少年学生的优秀刊物，在我国基础教育界有着广泛而深远的影响。近年来，两刊在和加强改进未成年人思想道德建设，深化基础教育课程改革，全面推进素质教育，促进教育事业科学和谐发展等工作中，策划报道了一系列切合形势的专题，发表了大量贴近师生的文章，开展了许多健康有益的活动，发挥了很好的宣传导向作用。

为扎实推进书香校园建设，积极贯彻开教育委员会的文件文件精神，结合学校实际，决定在 2010 年举办"我读书、我精彩，我们读书、世界精彩"读书活动。

活动时间

1 月 1 日 ~6 月 30 日。

活动主题

我读书、我精彩，我们读书、世界精彩。

活动步骤

（1）第一阶段：

活动策划（12 月 1 日 ~30 日）

①制订读书月活动方案。
②《"2010 年读书月"活动倡议书》、《2010 年读书月致学生家长的一封信》
③在学校网站发布 2010 读书月主页。发布读书月相关文件资料，及时交流信息经验。

（2）第二阶段：

组织实施（1 月 1 日 ~ 6 月 30 日）。

①举办读书月启动仪式，营造创建书香校园的浓厚氛围。

②开展有特色的读书月活动。

刊出一期"我读书、我精彩，我们读书、世界精彩"主题黑板报（班主任负责落实）；继续组织学生参加"红色之旅爱国主义读书"征文比赛（教研组负责落实）、"古诗词诵读比赛"（班主任负责落实）、"好书相伴我成长演讲比赛"（教导处负责落实）、"最佳书签设计比赛"（教研组负责落实）、"让世界更精彩"征文比赛（教导处负责落实）等活动。

（3）第三阶段：总结表彰。

按组织单位（村校以校为单位、中心校以班为单位）分中段、高段、初中评出优秀组织奖。

活动要求

（1）各班主任要充分认识加强《课堂内外》等宣传发行工作的重要性，做好刊物的宣传征订工作，要求学生个人自费征订，每班根据实际情况征订量不得少于 50%。同时，各班主任是征订工作的第一责任人，一定要在做好学生工作的前提下保证征订数量，注意工作的方式方法。

（2）要高度重视，把本次活动作为推进"书香校园"建设的重要工作来抓。

（3）各班级要认真制订读书月活动方案，开展有特色的读书活动，做好相关资料的收集、整理、上报工作。

（4）在校园悬挂读书月标语，例如：我读书，我精彩；我们读书、世界精彩；阅读文化经典，建设书香校园；多读书、好读书、读好书；知书达礼，明礼向善，文明和谐等等。

读书月活动指南

各年段、班级可参考下面的活动建议，自行设计读书月方案，分阶段组织实施。

（1）刊出一期"我读书、我精彩，我们读书、世界精彩"主题黑板报，学校组织检查评比。

（2）开展创建"书香班级"主题班会。

（3）开展"每日一诗"诵读活动，各班组织一次古诗词诵读比赛。

（4）深入开展班级图书角和好书交流活动。尝试开展"图书市场"，在同学与同学之间、班级与班级之间建立"好书交换站"，举行"好书换着看"等活动，充分发挥学校、班级、个人藏书优势，让每个学生动能多读书、读好书。

（5）开展读书心得交流会。要求各班学生把读书的感想、体会、经验等写出来，在班内进行交流。

（6）开展"好书相伴我成长"等征文演讲比赛活动。要求各班同学把在读书过程中发生的成长故事记录下来，选出最佳文章，参加学校"我与书的故事"征文比赛。

（7）开展优秀读书随笔、读书手抄报（或电子报）展评活动。

（8）开展"我与父母同读一本书"活动。

（9）每天定时读书半小时。

附一：2010 年"读书月"活动设计最佳书签设计比赛

为开发学生的阅读兴趣，展示学生个性化书签制作能力，本届读书月决定评选"最佳书签设计奖"。相关事宜通知如下：

1. 比赛要求

（1）书签的文字和图画内容都要与宣传图书馆知识、读书知识相关。

（2）为了让大家有更大的发挥空间，书签形状不限。既可手工制作，也可以电脑制作。

（3）评分规则：总分为 10 分。美工及内容各占 5 分。

（4）参赛作品请注明班级、姓名。

（5）按年段进行评比。

2. 截稿日期

2010 年 5 月 10 日

3. 评奖

设一等奖 10 名；二等奖 20 名；三等奖 30 名。

附二："好书相伴我成长"演讲比赛

为了丰富校园文化生活，给同学们提供展示才华和交流的舞台，并进一步激发同学们对读书的热情，特举办"好书相伴我成长"演讲比赛，现在将有关事宜通知如下：

1. 演讲主题

重点讲述自己的读书经历、读书故事，回顾读书对自己成长的影响。介绍在你人生点亮你理想明灯的好书。

2. 演讲要求

（1）时间不超过 3 分钟。

（2）主题鲜明，语言流畅，富有真情实感。

（3）演讲要求脱稿

（4）每班限报 2 名，按年段开展评比。

3. 奖项设置

一等奖 2 名；二等奖 3 名；三等奖 7 名。

4. 比赛时间

4 月下旬。

附三：经典古诗文诵读比赛

我国是一个具有五千年历史的文明古国，中国的文化灿烂辉煌。古人给我们留下了寓意深刻的美文，需要我们新一代去传诵。

班级组织本次比赛活动，方案自定。

1. 优秀组织奖评选通知

为总结读书月成果，表彰先进，本届读书月决定设立优秀组织奖。

本次优秀组织奖按年段依据各项活动积分从高到低排定。其中年段积分前一、二位获优秀组织奖，发给奖状，并按学校文明班级考核相应条款给予计分。

2. 分项计分方法

（1）黑板报：年段按 6、5、4、3、2、1 计分。

（2）学生征文比赛、学生演讲比赛、学生最佳书签评比按一等奖（3分），二等奖（2分），三等奖（1分）计分。

（3）班级组织学生古诗词诵读比赛：按组织（5分），不组织（不得分）计。

（4）学生参加县比赛按一等奖（4分），二等奖（3分），三等奖（2分）计。截止6月10日。

附四：第三届读书月活动的倡议书

春天，是一个梦，梦的名字叫成长。

春天，是一首诗，诗的主题是收获。

美好的春季里我们开学了，多梦的第一个月靖江外国语学校迎来属于我们自己的精彩！

同学们一起来吧，走进属于我们首届读书节。

载梦想起飞吧，携着书的芬芳！

"让经典走进心灵，使阅读成为习惯"是我们本次读书月的主题。在书的世界里，我们可以领略广阔的天地，欣赏壮丽的山河；可以知晓文史，品诗词歌赋；可以回味古老的悠长，眺望未来的瑰丽！

共读一本好书，就是凝聚同一种力量。你有一片泥土，我有一把种子。美好的季节不可错过，成长的泥土，需要阅读的种子！一起读书吧，让萌动的希望谱下秋天的第一首曲子，让成长的渴望写下秋天的第一篇诗行。

开卷有益，益己、益人、益民族、益国家、益未来！读书真的很快乐！让我们积极参与，分享读书的浓浓乐趣，共享读书的美好时光！

学校科技节活动指导方案

指导思想

为贯彻落实《中华人民共和国科学技术普及法》和中共中央国务院《关于进一步加强和改进未成年人思想道德建设的若干意见》，促进学校科普教育和创新教育的开展，激发学生"爱科学、讲科学、用科学"的热情，丰富学生的课余生活提高学生的科学文化素养，展现实验师生奋发向上、拼搏进取的精神。根据青少年科艺指导中心的工作要点，结合学校实际情况，决定举办学校科技节。

科技节活动主题

科技·人·城市——与世博同行

科技活动节总体要求

举办科技节活动是构建和谐的校园环境、提升校园文化内涵的一项重要活动。全校师生要提高认识，人人参与、齐心协力办好科技节。

科技节活动负责人员要精心组织、周密安排，在规定的时间内完成各项活动的报名、比赛等工作，保证科技节活动的顺利进行。各班班主任要积极策划、认真组织指导本班学生参与科技节的各项活动。

科技节活动各项目进行时，学生在集合、观看、解散的整个过程中，班主任老师要对学生预先做好安全教育、纪律教育、礼仪教育。

具体内容和实施说明

（1）开幕式。

参加人员：全校师生

时间：4月20日

地点：学校操场

（2）"关爱海洋、热爱家乡"环保贺卡（1~8年级学生）。

①要围绕"海洋"、"家乡"的主题，充分地发挥自己的想象力，并主要利用废旧物品制作别出心裁、精致、富有创意的贺卡，贺卡内容积极健康向上，能体现海洋的知识、文化、精神，体现地方的特色、特点、风土人情等，达到宣传环保的目的。

②贺卡须由学生独立完成。

③贺卡折叠以后的大小基本不得超过32k，贺卡形状样式文字内容等均须围绕海洋展开，但制作材料必须主要为废旧品，可为纸、废塑料、玻璃纸、零碎布、零碎木片等。可以通过在贺卡上写一行字、画一幅画、粘贴一幅图片，来展现海洋风貌、地方风采，例如海洋生物、海洋世界、地方土特产、标志性建筑等。

④作为贺卡底卡上不能画有或写有任何东西，不得粘贴任何东西，但可以用铅笔勾画一个框架。贺卡制作完毕后需填写学校、学生姓名和年、班级。

评选标准

（1）思想性：

①内容积极，健康向上，反映学生的审美情趣和审美能力。

②紧扣"关爱海洋、热爱家乡"的主题，并科学地表达完整的意义。

（2）创造性

①取材新颖，构思独特，设计合理，原创成分高。

②贺卡作品具有想象力，具有个性的表现力。

（3）艺术性：

①能较好地运用形、色以及明暗等美术语言，贺卡整体感和谐、娴美。

②构图完整，文字、图片、图画等要素要连贯、一致。

（4）技术性：

能够根据贺卡内容的需要选用恰当的制作工具和制作技巧，制作技术娴熟。

头脑奥林匹克大挑战

5、7年级学生参加。比赛题目分自备材料类和套材类，自备材料类的题目有："纸结构承重"、"扑克牌结构"。套材类的题目有："小车滑坡"、"多拉快跑"。为解决学生制作材料的缺乏，方便学生参赛，本次科技节将统一进行"扑克牌结构"的比赛。

科普英语

6 至 9 年级学生参加。

科普英语活动——科学家的小故事。

活动地点：二楼中会议室。

参加对象：初中部学生（各班在预选后推出 1～2 位学生）

活动要求：用英语介绍一位科学家的小故事，材料自选，并复印一份交评委。

评分标准：

英语科普小报（3～5 年级，每班交一份）

作品要求：可以是电脑小报，也可以是手工小报，材料自选。

征文大赛

4、6、7、8 年级学生参加。

（1）写作主题："迎世博、保环境、创文明"

文章需主题明确，结合世博会主题要求，真情地写出对 2010 年上海世博会的期待、关于上海世博会与节能环保、关于上海世博会的主题演绎、关于世博会历史与现代人文、小手牵大手做好文明东道主和世博文明小使者、世博会与和谐文明社会创建等等。

（2）写作内容：

参赛者可根据以上内容进行写作，也可根据自己的独特体会结合世博元素进行写作。要求观点鲜明，积极向上，有新颖和独特的见解，紧密联系实际，感受真实，感情真挚，语言通顺流畅；写作构思独特，文章内容具体生动；文章内容可以结合与日常生活密切相关的文明行动、有推广价值的文明行为和先进事迹为题材，积极倡导节约能源、保护环境的良好社会文明风尚；密切联系上海青少年在迎世博 600 天行动中在学校、家庭及社会活动中的文明实践、参与创建文明家庭、文明学校、文明社区等活动的感受和体会，突出上海青少年参与文明办世博社会实践的积极性和创造性。

（3）写作要求：

①体裁不限（不含诗歌），题目自拟；

②字数：小学组 500 字左右；中学组 800－1200 字；

③参赛文章格式要求：标题小二号宋体，正文三号仿宋 GB2312，单倍行距，WORD 格式；

④所投稿件需为原创稿件，如因稿件非原创而发生法律纠纷，由参赛者自负。

备注：征文活动已事前单独布置到相关任课教师，望班主任关心此项活动。

"小课题（发明）设计方案"评选

4、6、7、8年级学生参加。

（1）凡是对生活、学习和生产等方面拥有创造、创新和改善的新设想、新设计的中小学生均可申报参赛。

（2）小课题（发明）设计方案为自选课题。

（3）设计方案必须填写在规定的表格上。

科学幻想画

绘画主题：《美丽城市·美好生活》

作品要求：

（1）参赛作品可用油画、国画、水彩画、水粉画、钢笔画、铅笔画、蜡笔画、版画、粘贴画、电脑绘画等绘画形式，使用不同材料表达内容（不包括非画类其它美术工艺品）。

（2）参赛作品一律在规格为4K的材料上绘制，横竖放置均可。

（3）参赛作品限个人独立完成。

（4）参赛作品不得抄袭他人已发表过的作品，违者一经发现，将被取消资格。

（5）参赛作品的评审标准：

主题鲜明健康，具有创新的科技灵魂和吸引人、感染人、鼓舞人的艺术魅力，并符合以上要求。

科技活动节闭幕式

举办优秀作品展、庆"六一"文艺表演暨颁奖活动。

评奖方法

优秀组织奖评分说明：

（1）各比赛项目按团体计分的比赛，第一名5分、第二名4分、第三名3分。

（2）按个人计分的比赛，第一名3分、第二名2分、第三名1分。

备注

（1）比赛需要的物品一般都要求自备。

（2）所有的作品按规定的时间交给指定的老师，在这时间之前、之后都不收作品。逾期作弃权处理。

（3）所有的作品应由班主任老师经过挑选后按数量交到负责老师处并落实。

（4）各项目组长可根据实际情况设计具体方案组织实施。

第二章
学校节庆活动设计指导

元旦活动设计指导

节日由来

元旦是新年开始的第一天，即 1 月 1 日。

"元旦"一词出自南朝梁人萧子云《介雅》诗："四气新元旦，万春初今朝。'一元"是开始、第一的意思；"旦"是象形字，上面的"日"是象表字，代表太阳，下面的"一"字代表波涛澎湃的海面，意为：一轮红日正从海上喷薄而出，放射出灿烂的光芒，会意为早晨，象征一日的开始。"元"和"旦"合在一起，是指新年开始的第一天。

据说，"元旦"这一名称，最早始于三皇五帝。据记载，夏帝颛顼就把孟春正月，即春季的第一个月作为岁首，定为"元月"，称做"正月"。把正月的朔日，即正月初一叫"朔旦"。这样元月的朔旦就简称为"元旦"了。此后历代元旦日期的规定又有些变化。如商朝把十二月初一定为元旦；周朝以十一月初一为元旦；秦朝把十月初一为元旦。到汉武帝时，又规定正月初一为元旦，一直沿用到清朝末年。

辛亥革命后，孙中山于 1912 年初在南京就任临时大总统时，宣布中国改用世界通用的阳历，并决定把 1912 年 1 月 1 日定为民国元年，1 月 1 日为岁首，俗称新年，但不称元旦。直到 1949 年 9 月 27 日，中国人民政治协商会议第一届全体会议通过使用"公历纪年法"，把农历正月初一定为春节，而将公历 1 月 1 日定名为元旦。同年 12 月 23 日，中华人民共和国中央人民政府规定公历 1 月 1 日元旦放假一天。从此，元旦这一天成为全国人民的欢乐节日。

一般来说，除夕夜，人们常常习惯于守在收音机、电视机旁，听元旦第一声钟响，互相祝贺新年的来到。元旦当天，人们兴致勃勃地参加各项文化娱乐活动，兴高采烈地开始新的一年。

活动设计

（1）钟声舞会。

除夕夜选择一个合适的场地，举行交谊舞会，也可搞成气氛热烈的化妆舞会，一直跳到新年钟声敲响为止。

（2）新年文艺晚会。

文艺节目要热烈、欢畅，充满希望和活力。

（3）展览。

可以举办建设成就、展望未来的图片展览，以宣传成就、鼓舞斗志。

（4）体育活动。

举行象征性的体育比赛，如《长征杯》元旦越野长跑比赛等。

（5）游艺有奖联欢。

集中各种游艺项目，吸引职工群众全家参与。

元旦相关知识

（1）公历。

公历俗称"阳历"，它是罗马教皇格里果利根据罗马皇帝儒略·悄撒的"儒略历"，于 1582 年在埃及召集天文学家和教士们修订而成。

公历是根据太阳与地球的关系来决定的，以地球绕太阳从春分点回到春分点的时间为一年。年度长为 365 天 5 小时 48 分 46 秒。把一年分成 12 个月，1、3、5、7、8、10、12 是大月，每月 3 且天：4、6、9、11 是小月，每月 30 天：2 月比较特殊，在平年只有 28 天，闰年 29 天。因为 8 月的拉丁名与儒略时 8 撒的继承人奥古斯都的名字音相同，故奥古斯都把原 2 月的天数减去一天加到 8 月，这样，儒略历原规定单月为 31 天、双月为 30 天变成了八月后的单双月的天数为：单月 30 天，双月 31 天。为正确反映地球绕太阳公转的长度，规定平年为 365 天，闰年为 366 天，以冲消每年余下的那五个多小时，因而规定 2 月平年 28 天，闰年 29 天。这样一来，每 4 年又亏了 46 分 56 秒，所以又决定每 400 年闰 3 次。

（2）公元。

"公元"指公历的纪元。它原以耶稣基督诞生日作为公元元年。从公元 6 世纪到 10 世纪，逐渐成为基督教国家通用的纪元，所以也叫"基督纪元"。后来被世界上多数国家所公用，于是就改称为"公元"。在历史书上，耶稣诞生前的年代则因此被称为"公元前"。

（3）阴历。

"阴历"是根据月亮与地球的关系制定的，又称"农历"或"夏历"。

阴历与阳历的区别：按照阴历，一年有 12 个月，大月为 30 天，小月 29 天。所以一年只有 354 或 355 无；根据阳历，每月平均的日数接近 30.5 天，而实际上月亮绕地球一圈的时间是 29 大 12 小时 44 分 03 秒（秒朔望月）。这样阴历与阳历每年相差 11 天多。

为解决工者间的差异，并反 1 映出季节的变化和月相的变化，我国古代历法规定了"19 年 7 闰"的办法，即每隔两三年便多设置一个月，使每 19 年中共多出 7 个月。这一年 12 个月之外又多出的一个月，被人们称为"闰月"。

（4）日历中的秘密。

如果你能连续保存 28 年的日历完好无缺，以后就不要再买日历了。因为，公历中的月、日、星期，28 年一轮回。每隔 28 年，日历中的月、日、星期便会重合。

另外，只要不是闰年，公历 1 月 1 日是星期几，10 月 1 日也是星期几。另外，4 月 1 日与 7 月 1 日、9 月 1 日与 12 月 1 日的星期几也是相同的。

（5）年代和世纪。

"年代"是指一个世纪中的某一个 10 年。如说 19 世纪 70 年代，就是指从 1870 年开始的那 10 年。

"世纪"一词，来源于拉丁文，意思是 100 年。也是从耶稣诞生那一年算起，即公元元年至 100 年为一世纪，101 年到 200 年为二世纪。以此类推，2001 年是 21 世纪的第一年。

（6）世界上最早和最迟过元旦的国家。

世界上使用公历的国家，都将 1 月 1 日定为元旦。由于地球自转的过程中，各地出现黎明的时刻大不相同。根据 1884 年"国际经度会议"确定的"日界线"规定，世界上最先迎接新年的是位于"日界线"西侧的斐济；而世界上最迟过新年的地方是位于"日界线'冻侧的西萨摩亚，几乎要迟 24 小时才能听到新年钟声。

我国是第！2 个跨入新年的国家，比美国早 13 小时迎接新年。

（7）世界各国的元旦。

在国外，许多国家根据自己的宗教、风俗习惯和以大自然的某些现象选择自己的"元旦"，其选择依据非常有趣。

①涨水元旦。

古埃及根据尼罗河涨水的现象确定元旦。

②雪花元旦。

爱斯基摩人生活的地区终年下雪。那里的人把雪花暂停又开始飘舞的那一天当作元旦。

③雨季元旦。乌干达一年有两个‘元旦"。他们以雨季和旱季为准确定新年。因为每6个月就有一个雨季和旱季，所以，他们把雨季和旱季开始的第一天当作"元旦"，这样乌干达一年有两个新年。

④候鸟元旦。

印度尼西亚的凯拉批比特人，居住在候鸟的故乡。他们的历法也是以候鸟来去作为依据的，候鸟飞来的这一天就是他们的元旦。

⑤不笑元旦。

墨西哥有些地方的历法中，一年有18个月，每月20天。一年结束后，有5天不准笑，过后便是元旦，故称不笑元旦。

⑥月亮元旦。

9月是丰收的季节。所以叙利亚有的地方把他们的"元旦"安排在9月月亮圆后的第一天。

⑦纪念日的元旦。也有用纪念日来规定元旦的国家。如菲律宾为纪念菲律宾民族英雄何塞·黎萨尔，就把何塞·黎萨尔的就义日12月30日确定为元旦。

又如柬埔寨以释迦牟尼诞生日为纪元，每年佛历五月，即公历4月14日至16日作为新年。

（8）扑克牌与历法。

我们常见的扑克牌又名帕斯牌。扑克牌上，实际隐含了不少历法知识。

一副扑克牌，共54张。其中2张大小王分别代表太阳和月亮，其余52张正牌代表一年里的52个星期天。

扑克牌有黑桃、红心、草花、方块四种图案两种颜色。四种图案分别代表春、夏、秋、冬四个季节，红黑两种颜色分别代表白天和夜晚。

四种图案中，每种图案分别有13张牌，代表每季里有13个星期天。每种图案所有的点加起来共为91点，表示每季为91天。

四种图案的点加起来，再加小王的一个点，总数为365天，正好是阳历平年一年的天数。如果再加上大王的一个点，就是闰年的天数。

春节活动设计指导

节日由来

　　春节是我国各族人民最隆重、最热闹的传统节日，是旧历新年，在民间习惯上亦叫做过年。它适在立春前后，为春季之始，故称春节。

　　我国人民过春节的历史，可上溯到尧舜时代。当然，那时的春节不是正月。到汉武帝时，才确定以农历正月岁首为春节。这个办法一直相沿至今。

　　以正月岁首为新年，与我国以农业立国、以农为本有关。在古代，人们把谷的生长周期叫"年"。《说文解字》中说："年，谷熟也。"《谷梁传》则称："五谷大熟为大有年。"谷子一熟为一"年"，"有年"是指收成好，"大有年"指大丰收。把年当作节日庆祝。实际上就是庆祝丰收，所求来年风调雨顺，大吉大利。

　　几千年来，春节活动形成了许许多多的节日风俗和节日活动。节日风俗主要有：扫尘、贴春联、挂年画、放爆竹、守岁、拜年、包饺子、吃年糕等。节日活动主要有：舞狮子、耍龙灯、踩高跷、逛花市、射箭等。长期来，劳动人民辛勤劳作了一年，当腊尽春回之际，总要高高兴兴地庆祝一番。所以，春节是团圆佳节，是社交良机，也是民间文化活动的高潮。

　　现今，在春节前几天，家家户户都要进行大扫除，除旧迎新。在新春佳节期间，广大劳动人民一方面穿红戴绿、喜气洋洋，走亲访友，饮酒宴乐，互相拜年，互祝幸福；另一方面广泛开展民间传统的娱乐活动，使丰富多彩、健康有益富有健康意义的文化娱乐活动，逐渐代替了旧社会遗留下来的带有封建迷信色彩的风俗习惯。

活动设计

（1）春节大联欢。

大联欢可以演出各种形式的文艺节目为主，还可以组织跳交谊舞进行联欢。

（2）新春游园会。

游园会是综合多种不同内容集中起来的大型活动。如组织文艺演出、体育表演、游艺、书画展览、放映电影等。

（3）体育表演。

体育表演可以民间传统体育项目为主要内容，如拔河、摔跤、赛马、荡秋千、武术等。

（4）写春联赠春联。

春节前，开展为职工群众写春联活动；春节里，组织赠春联活动，为老红军、烈军属、劳模先进送春联。

（5）迎春诗画会。

组织职工诗画创作骨干与专家聚会，抒发对新春的美好祝愿。

（6）民间传统娱乐。

组织舞龙舞狮、踩高跷、放焰火等喜闻乐见的传统娱乐活动。

（7）拜年活动。

组织文艺小分队向烈军属、革命老前辈、模范人物拜年。还可以到部队向革命军人拜年。

春节相关知识

（1）"年"的传说。

相传在太古时候，有一种凶恶的怪兽——"年"，长着血盆大曰，凶残无比。每到腊月三十日，"年"便出来到处残食人畜。因此，那一天，人们到时都要熄灯灭火，关门闭户，避难躲灾。

一次，这个怪兽到了一家门口，恰巧这户人家人人穿着红衣服，正烧着一堆竹子取暖。怪兽见他们穿着红衣服不敢接近，而这家人见到怪兽也非常害怕，惊慌中将一个盆子碰落在地，"当啷"一声，怪兽吓了一跳。紧接着燃烧的竹子又"饼里啪啦"地爆响，"年"被吓得掉头逃窜。关于"年"怕红、怕火、怕响声的传说一传十，十传百，人们终于有了制服"年"的办法，便兴高采烈地相互道喜。

从此以后，每当除夕之夜，人们都在户外面放上大量的食物，用红颜色的桃木做成牌子，挂在门口，称为"桃符"。在家里通宵达旦点上长明灯，生起大炉火，燃放爆竹，以防"年"的突然袭击。除夕过后，"年"的灾难躲过去了，家家户户十分高兴，便出门相互祝贺，叫"过年"。

这样年复一年，便形成了这个"过年"传统节日，形成了现在还保留的除夕晚上"守岁"、生炉火、燃放鞭炮，初一早晨拜年的习俗。

（2）春联史话。

相传，春联是由桃符演变而来的，起源于春秋战国时期，原意为驱邪压灾，求保平安。

"桃符"是人们为了镇邪伏恶之用的，在古代，人们用两块长24厘米、宽3厘米的桃木板，刻上神荼、郁垒二位神像，挂在门的两侧。

到了五代，后蜀的宫廷里开始在桃符上题写联语。据《宋史·蜀世家》记载：广政二十七年除夕，孟昶命翰林学士辛寅逊在桃符上写联语，但嫌辛写得不工整，就自己挥笔写道："新年纳余庆，佳节号长春"。这便是我国最早的春联。到了宋代，春节贴春联已成为民间的习俗。

真正用红纸写春联这种习俗始于明朝。据记载，明太祖朱元璋十分喜欢对联，而且也要别人喜欢。他曾传国："公士卿家，须加春联一副。"他还并亲自为陶安撰联："国朝谋略无双士，翰苑文章第一家。"之后，他微服私访，替百姓写春联。从此，贴春联便成了春节的一个重要节日风俗，一直流传至今。

（3）贴"福"字的由来。

贴"福"字是我国春节的一个传统习俗。据说，春节在门上贴"福"字的习俗，起源于明代。有一年农历正月十五，明太祖朱元璋微服出访，在一个村镇上看见许多人在围观一幅漫画，画面上画着一个赤脚女人抱着一个大西瓜，意思是取笑淮西妇人大脚。恰好朱元璋的皇后马皇后也是大脚，又是淮西人，所以朱元璋十分恼怒，回宫后便派人到镇上调查：了解这画是何人所作，围观者是何许人；对没有参与此事的人家，则在大门上贴个福字作标记。第二天，官府便到没有贴福字的百姓家抓人。人们感到贴福字能保家庭平安，于是每逢除夕，便用红纸写个大"福"字贴在门上，讨个吉利。

（4）舞狮趣谈。

舞狮是我国一项民间传统体育活动。它起源于三国时代，盛行于南北朝。据说舞狮作为春节的一项娱乐活动，始于明朝初年。

相传，明朝初年，广东佛山地区出现了一头怪兽。每逢年岁将尽，怪兽就出来糟踏庄稼，残害百人姓。为了制服怪兽，人们想尽了一切办法。最后，有人想到，百兽都怕狮子，这怪兽也一定怕狮子。于是他们做了许多假狮子准备着。当怪兽出现时，锣鼓齐鸣，群狮奋舞，怪兽见了，果然惊恐万状，掉头就跑。

而后，当地乡民认为狮子有驱邪镇妖之功，有吉祥之兆。于是每年春节

便敲锣打鼓，挨家挨户，舞狮拜年，以示消灾除害，预报吉祥之意。久而久之，舞狮就成了春节娱乐活动一个不可缺少的内容。

（5）春联鉴赏。

金鸡晓唱千家喜 白鹭晨飞万户春	春回大地春光好 福满人间福气浓	一展宏图九州丽 八方瑞气五谷丰
一代风流抒壮志 九州巨变写春秋	人逢盛世精神爽 岁转阳春气象新	一年首庆新春节 百载今歌盛世时
声声爆竹声声欢 阵阵春风阵阵歌	迎新春春光明媚 辞旧岁岁月火红	开放一桥渡万马 承包两字富千门
人杰地灵家计裕 物华天宝国基宏	旧岁已赢十分好 新春更上一层楼	翻天覆地山河壮 改革开放日月新
百鸟和鸣唱春曲 万民欢愉庆丰收	日月光华歌复旦 云霞灿烂乐长春	人寿年丰家家乐 国泰民安处处春
春到百花满地香 时来万事喜临门	大江南北春风意 海峡东西明月心	一统山河呈秀色 九州龙虎展雄姿
新人新岁新家园 春树春花春乾坤	四海归心歌统一 万家春酒乐团圆	一元复始民心乐 万象维新国力宏
眼笑眉开辞旧岁 心雄志壮迎新年	花开富贵家家和 灯照吉祥岁岁欢	飞雪迎春千家暖 东风送暖万户春
祖国昌盛千般好 大地更新万户春	富裕花开香万里 丰收酒溢醉千家	人人向上家家喜 年年登高步步新
高歌华夏兴邦曲 又赋神州富国诗	碧海青山千里秀 红楼绿树万家春	九天日月开新运 万里笙歌承太平

富如旭日腾云起
财似春潮乘风来

玉树银花送旧岁
红梅绿柳迎新春

一元复始春为首
五谷丰登勤在先

日月光辉千里共
春风柔暖九州同

祖国荣光随处照
家庭喜气拥春来

花开富贵年年好
竹报平安月月圆

爆竹声声祝福
灯花闪闪迎春

鞭炮声声报喜
红灯盏盏迎春

旭日临窗送暖
东风拂面报春

江山春色如画
祖国前程似锦

人人同庆佳节
处处喜迎新春

日丽风和春回
龙腾虎跃劲添

欢歌笑语辞旧
爆竹红灯迎新

又是一年春色
依然万象光辉

冬去山明水秀
春来鸟语花香

爆竹一声除旧
桃符万户更新

笑盈盈辞旧岁
喜滋滋迎新春

新年新岁新景
春风春雨春色

共庆春回大地
同歌喜到人间

千家挂红灯
万户迎绿春

春光腾四野
捷报喧九州

学雷锋活动设计指导

节日由来

雷锋，生于 1940 年，死于 1962 年，湖南长沙人。雷锋的父母兄弟受日本帝国主义、国民党反动派、地主和资本家的迫害相继惨死，雷锋 7 岁便成了孤儿，在穷亲戚的帮助下生活。1949 年 8 月家乡解放后，在党的关怀下，雷锋上了学，小学毕业后在乡政府当通信员，后调县委当公务员，1957 年加入共青团，以后参加根治防水工程、团山湖农场和鞍钢等建设，多次被评为劳动模范和先进生产者。1960 年 1 月雷锋应征入伍，同年 11 月入党，次年 6 月任班长，1962 年 8 月 15 日因公殉职。

雷锋把毛泽东著作看成是"粮食"、"武器"和"方向盘"，以"钉子"精神为动力，坚持学习，始终把"全心全意为人民服务"的建军宗旨作为行动指南。他热爱部队，关心集体，帮助战友，迅速成长为一名共产主义战士。在部队两年零八个月的平凡工作中，他荣立二等功一次、三等功两次、嘉奖多次，被评为"节约标兵"和"模范共青团员"，并被选为抚顺市人民代表大会代表。

1963 年国防部命名雷锋生前所在的班为"雷锋班"。同年 3 月 5 日，毛泽东等老一辈无产阶级革命家先后题词，号召全国人民向雷锋同志学习。从此，全国各地开展了向雷锋同志学习的活动，雷锋精神得到了发扬光大，雷锋式的英雄模范不断涌现。

活动设计

（1）学雷锋先进事迹报告会。

可以讲述本单位或身边的"活雷锋"的先进事迹，以激励职工群众的干劲。

（2）学雷锋诗歌朗诵会。

以学雷锋树新风为诗会主题，组织诗歌朗诵会。

（3）学雷锋小组活动日。

可以定期组织学雷锋活动日，为身边的职工群众做好事、帮助孤寡老人等。

雷锋纪念日相关知识

（1）雷锋精神。

雷锋精神是指在雷锋与上体现出来的共产主义精神。其内容包括：憎爱分明的阶级立场，言行一致的革命精神，公而忘私的共产主义风格，奋不顾身的无产阶级斗志。其实质是：忠于共产主义事业，毫不利己、专门利人，全心全意为人民服务，做一个平凡而伟大的共产主义战士。

（2）雷锋日记摘抄。

"人的生命是有限的，可是，为人民服务是无限的，我要把有限的生命，投入到无限的为人民服务之中去。"

毛主席著作对我来说好比粮食和武器，好比汽车上的方向盘。人不吃饭不行，打仗没有武器不行，开车没有方向盘不行，干革命不学习毛主席著作不行。

我要像松树那样，不怕风吹雨打，严寒冰雪，四季常青；我要像柳树一样，插到哪里都能活，紧紧与人民连在一起，在人民中生根、长大、结果，做人民最忠实的勤务员。

在工作上，要向积极性最高的同志看齐；在生活上，要向水平最低的同志看齐。

迎着困难前进，这也是我们革命青年成长的必经之路。有理想有出息的青年人必定是乐于吃苦的人。

一滴水只有放进大海里才永远不会干涸，一个人只有当他把自己和集体事业融合在一起的时候才能最有力量。

一个人的力量毕竟是有限的，走不远，飞不高，好比一条条小溪，如果不汇入海河，永远也不能汹涌澎湃、一泻千里。

青春啊！永远是美好的，可是真正的青春，只属于那些永远力争上游的人，永远忘我劳动的人，永远谦虚的人。

有人说，人生在世，吃好、穿好、玩好是最幸福的。我觉得人生在世，只有勤劳，发愤图强，用自己双手创造财富，为人类的解放事业——共产主义贡献自己的一切，才是最幸福的。

妇女节活动设计指导

节日由来

3月8日是世界各国劳动妇女为争取解放而斗争的纪念日。1909年3月8日，美国芝加哥女工为反对资产阶级的压迫、剥削和歧视，为争取自身的权利，举行盛大的罢工斗争和示威游行，这一行动得到美国广大劳动妇女的热烈响应。第 Th 年8月，在丹麦首都哥本哈根召开的国际第二次社会主义者妇女大会上，在著名妇女领袖、德国社会主义革命家蔡特金的提议下，为了加强国际劳动妇女的团结和斗争，大会一致通过将每年3月8日定为国际劳动妇女节。

中国妇女第一次纪念"三八"节是在1924年，在当时的革命中心——广州。新中国建立后，中国妇女获得了解放。1949年12月，中央人民政府做出决定：3月8日为法定的纪念日。从此，每年3月8日，全国妇女享受半天的假日，参加为她们组织的各种形式的纪念联欢活动。

活动设计

（1）妇女运动报告会。

报告会的内容可以讲述妇女运动的历史，妇女在民主革命和社会主义建设时期的作用。还可专门宣传妇女模范人物的事迹。

（2）"三八"联欢晚会。

晚会要搞得生动活泼，组织音乐、舞蹈、戏曲、游艺等综合内容的联欢。也可请一些模范人物即兴表演或发言。

（3）妇女书画展览。

举办由妇女创作的书法、绘画作品展览，或举办反映妇女的精神面貌和对建设社会主义现代化的热情的展览。

（4）体育比赛。

"三八"节前，可组织女职工开展以小型比赛为主的体育比赛活动，如乒乓球、拔河、象棋、篮球比赛等。

妇女节相关知识

（1）吉卜赛人的妇女节。

西班牙吉卜赛妇女的传统节日——妇女节在每年 10 月上旬秋收结束后，节日为期 3 天，主要活动地点是西班牙的马达霍斯省的梅里达。

吉卜赛人的妇女节的活动主要内容除了庆祝丰收外，就是让姑娘们自由地选择中意的男子，或在节日里和自己的心上人举行婚礼。这一天，做丈夫的要选择珍贵的纪念物送给妻子；做父母的也要挑选精美的礼品送给女儿。

（2）马奇顿族人的妇女节。

1 月 8 日是希腊蒙诺克里亚村马奇顿族人的妇女节。1983 年，希腊总理天人还特意从首都赶往该村，参加这一年一度的传统节日。

马奇顿族人的妇女节的主要活动是：全村男女对调工作，男人们在家抱孩子、做家务，而妇女们则要接管村政府、汽油站、交通岗等村里的一些重要工作。下班后，妇女们也像男人们一样去酒吧、咖啡店，闲坐聊天，开怀畅饮。太阳落山后，全村妇女举行宴会，庆祝自己的节日，然后回家享受一次丈夫的款待。

（3）世界上金牌最多的母亲。

迄今为止在一次奥运会上获得金牌最多的田径女运动员是荷兰运动员芬妮。她在 18 岁时，曾参加过第 11 届奥运会，但成绩平平。12 年后，这位已是两个孩子的 30 岁的母亲，却在伦敦奥运会上创造了奇迹，夺得女子 100米、200 米、800 米栏和 400 米接力赛跑冠军。

芬妮回国后，荷兰全国放假，庆祝这位"冠军妈妈"凯旋。

（4）世界上第一位妇宇航员。

世界上第一位女宇航员是原苏联的 B·B·捷列什科娃少尉。

捷列什科娃生于 1937 年 3 月 6 日。1963 年 6 月 16 日格林威治时间 9 时30 分，她乘坐"东方 6 号"宇宙飞船在拜克努尔宇宙飞行场起飞，在离地面233 公里的地方，环绕地球飞行了 48 圈，于 1963 年 6 月 19 日 8 时 16 分平安着陆。这次飞行，共飞行 70 小时 46 分，捷列什科娃从而成为进入宇宙空间的第一位妇女。

劳动节活动设计指导

节日由来

5 月 1 日，是全世界劳动人民团结、战斗的重大节日，也是我国劳动人民的重大节日。

1886 年，第一国际日内瓦会议喊出了 8 小时工作制的口号。1886 年 5 月 1 日，美国芝加哥、纽约、波士顿、费城、华盛顿等地 35 万工人举行了规模空前的大罢工，要求改善工作条件，实行 8 小时工作制，罢工遭到资产阶级的血腥镇压。但是，在英、法、俄等国工人的声援下，美国工人阶级终于赢得了 8 小时工作制的权利。这次罢工运动在国际工运史上具有重要意义。

为了纪念这次大罢工斗争，1889 年 7 月 14 日，恩格斯领导的第二国际在巴黎召开的成立大会上，决定把象征工人阶级团结、战斗、胜利的 5 月 1 日定为"国际劳动节"，又称"劳动节"。从此，5 月 1 日就成了全世界劳动人民团结战斗的节日。

我国工人阶级第一次大规模纪念"五一国际劳动节"是在 1920 年。新中国成立后，中央人民政府政务院明确规定每年 5 月 1 日为劳动节。

现在的每年这一天，全国人民举行各种庆祝集会和多样化的联欢活动，以发扬工人阶级的光荣传统、激发振兴中华的热情。

庆祝劳动节是各级工会组织的重回点活动，要集中全力组织好。

活动设计

（1）庆祝五一游园会。

游园会要办得规模盛大，内容丰富，形式多样，气氛热烈。要邀请劳动模范、先进生产者参加。

（2）庆"五一"文艺晚会。

晚会的节目内容除娱乐、欣赏外，宣传工人阶级主人翁精神、反映工人斗争生活的节目要占一定的比例。

（3）报告会。

报告会可宣讲有关"五一"的来历、工人阶级的历史使命等问题。

（4）工运史和当代中国工人风采展览。

组织有关国际工人运动和我国工人运动的史料，以及当代中国工人的风采，以文字、图片等形式展览，起到教育和纪念作用。

（5）职工拔河比赛。

可增强工人之间的友谊和团结。一般适宜在"五一"当天举办，当天结束。

（6）大型咨询活动。

开展"劳动者权益保障"宣传，为劳动者撑起保护伞。

劳动节相关知识

（1）我国最早纪念五一劳动节的歌。

我国最早纪念"五一国际劳动节"的歌，当数《五一纪念歌》。

1921年初，我国早期工人运动领导人邓中夏在北京长辛店机车车辆厂创办了一所劳动补习学校。同年，他和教职员工们编写了一首脍炙人口的《五一纪念歌》。歌曲主题鲜明，格调昂扬，表达了广大劳苦大众反对压迫、争取自由、渴求解放的强烈愿望。

歌词全文如下：

美哉自由，世界明星，拼吾热血，为他牺牲，要把一切强权制度除净，记取五月一日之良辰。

红旗飞舞，走上光明路，各尽所能，各取所需，不分贫富贵贱，责任唯互助，愿大家努力齐进取。

（2）劳动者享有哪些权利。

①平等就业权和选择职业权。

我国《宪法》和《劳动法》规定，劳动者不分民族、性别、宗教信仰都享有平等的就业权利。劳动者在签订劳动合同时，有权按照自己的意愿与用人单位平等协商，就劳动条件、工资报酬、劳动期限等条款达成一致，签订劳动合同。

②获取劳动报酬权。

劳动报酬是劳动者付出劳动后应当得到的回报。获取劳动报酬的权利是公民一项非常重要的经济权利。我国法律禁止非法侵犯劳动者获取工资报酬的权利，任何单位不得克扣工人工资，职工加班应当获得加班费。

③休息权和休假权。

我国法律规定，用人单位可以根据工作需要安排调整职工的休息时间。但是劳动者每天工作时间不得超过 8 小时，平均每周工作时间不超过 44 小时。《劳动法》第 38 条、第 40 条规定：用人单位应当保证劳动者每周至少休息一日；在元旦、春节、国际劳动节、国庆和法律、法规规定的其他休假日，依法安排劳动者休假。

④获得安全卫生保护权。

《劳动法》第 52 条、第 54 条规定：用人单位必须建立健全劳动安全卫生制度，严格执行国家劳动安全卫生规程和标准，对劳动者进行劳动安全卫生教育，预防劳动过程中发生事故，防止和减少职业危害；用人单位必须为劳动者提供符合国家规定的劳动安全卫生条件和必要的劳动防护用品，对从事有职业危害作业的劳动者应当定期进行健康检查。

⑤接受职业技能培训权。

《劳动法》第 68 条规定：用人单位应当建立职业培训制度，按国家规定提取和使用职业培训经费，根据用人单位的实际情况，有计划地对劳动者进行职业培训。

⑥享受社会保险和社会福利权。

《劳动法》第 73 条规定：劳动者在退休、患病、负伤、因公伤残或者患职业病、失业或生育时，依法享有社会保险待遇。劳动者死亡，其遗属依法享受遗属津贴。

⑦劳动争议处理请求权。

劳动者与用人单位就劳动者权益发生争议时，劳动者有权依法申请调解、仲裁或者提起诉讼，在权益受到侵害时寻求司法救济。

⑧参加和组织工会权。

根据《工会法》、《劳动法》等规定，劳动者依法可以参加和组织工会，独立自主地开展活动，不受其他团体和组织的非法干预。

五四青年节活动设计指导

节日由来

"五四"青年节起源于1919年北京的五四学生运动。1918年11月11日，延续4年之久的第一次世界大战以英、美、法等国的胜利和德、奥等国的失败而告终。1919年1月，获胜的协约国在巴黎凡尔赛宫召开和平会议，中国作为战胜国参加会议。会上，中国代表提出废除外国在华特权、取消"二十一条"等正当要求，但均遭拒绝。非但如此，会议竟决定由日本接管德国在华的各种特权。对这丧权辱国的条约，腐败无能的北洋政府代表居然准备签字承认。消息传来，举国震怒，群情激愤，以学生为先导的五四爱国运动如火山爆发。

5月4日下午，北京3000多学生在天安门前集会游行，高呼"还我青岛"、"外争国权，内惩国贼"等口号，呼吁各界人士行动起来，反对帝国主义的侵略行径，保卫中国的领土和主权。这一运动得到了工人和各阶层人士的声援和支持，上海、南京等地的工人纷纷举行罢工或示威。在全国人民的压力下，北洋政府被迫释放被捕学生，罢免曹汝霖等人的职务，并指令参加巴黎会议的代表拒绝在和约上签字。

五四运动是一次彻底的不妥协的反帝反封建的爱国运动，充分显示了中国青年的革命精神和力量，它促进了马克思主义与中国工人运动的结合，造就了一批具有初步共产主义思想的知识分子，为中国共产党的建立作了思想上、干部上的准备。

为继承和发扬五四运动的光荣传统，1939年，陕甘宁边区西北青年救国联合会规定5月4日为中国青年节。1949年12月23日，中央人民政府政务院正式规定：5月4日为中国青年节。

以后每年的这一天，全国各地都要举行各种适合青年特点的纪念活动，开展丰富多彩的文体活动，庆祝青年自己的节日。

活动设计

（1）传统报告会。

讲述五四运动的起源和如何发扬五四精神、继承革命传统等，会后还可放映有教育意义的电影。

（2）青年大联欢。

联欢活动中除了多种形式的文艺节目外，还可组织讲故事、做游戏、猜谜语、知识竞赛、跳交谊舞等。

（3）青年体育比赛或体育表演。

组织青年职工群众举行各种体育比赛和体育表演，如篮球赛、排球赛、足球赛、乒乓球赛以及武术表演等。

（4）游艺晚会。

选择部分具有娱乐性、趣味性、知识性的游艺项目，组织一场晚会，供青年们尽兴游玩。还可穿插一些做游戏、猜谜语、智力测验等内容。

（5）朗诵比赛。

朗诵比赛内容可以宣传党对青年职工群众的关怀和反映青年精神面貌为主题。亦可办化妆朗诵会、诗歌音乐会等。

青年节相关知识

（1）各国的青年节风采。

①喀麦隆的青年节。每年的 2 月 11 日是喀麦隆的青年节。这一天，喀麦隆的青年联盟、青年俱乐部都要为国家提供无偿服务，还要点燃火炬，表演文艺节目。

②匈牙利的青年节。每年的 3 月 15 日是匈牙利的青年节。这是为了纪念 1948 年 3 月 15 日匈牙利广大青年在布达佩斯市集会，与反动派进行斗争的革命精神。

③扎伊尔的青年节。每年 10 月 14 日是扎伊尔"全国青年日"。这一天，首都金萨沙市的青年要举行大规模的游行集会。

④加蓬的青年节。每年 3 月 5 日是加蓬青年节。这一天，加蓬青年们隆重集会，人们狂歌酣舞庆祝节日。

⑤芬兰的青年节。芬兰的青年节在 4 月 30 日。这天，青年男女头戴一顶平白帽，围在塑像四周唱歌、跳舞，狂欢至黎明。

⑥德国的青年节。德国在每年 10 月 7 日与国庆节同时举行为期 3 天的"青年体育节"。青年们在欢乐、愉悦的气氛中参加竞技活动。

⑦瑞典的青年节。4 月 30 日是瑞典的青年节。节日期间，各商店为青年们提供优惠的文化用品、书籍和食品等，父母还要向子女赠送节日礼物。

（2）青年修养。

坚定，但不固执；活泼，但不轻浮；

勇敢，但不鲁莽；沉着，但不寡断；

机警，但不多疑；豪放，但不粗鲁；

老实，但不愚蠢；忍让，但不软弱；

谨慎，但不胆小；自信，但不自负；

自谦，但不自卑；自强，但不自骄；

自珍，但不自赏；自爱，但不自娇；

紧张，但不忙乱；严肃，但不呆板；

随和，但不失度；幽默，但不庸俗；

爱说，但不狡辩；爱动，但不越轨；

（3）名人话青春。

李大钊：青年者，人生之王，人生之春，人生之华也。

高尔基：青春是有限的，智慧是无穷的，趁短暂的青春，去学无穷的智慧。

伏尔泰：要在这个世界获得成功，就要坚持到底，剑到死都不能离手。

奥斯特洛夫斯基：人的一生应该是这样度过的，当回忆往事的时候，他不至于因为虚度年华而痛悔，也不至于因为碌碌无为而羞愧。这样，在临死的时候，他能够说："我的整个生命和全部精力，都已经献给世界上最壮丽的事业——为人类的解放而斗争。"

苏轼：古之立大事者，不惟有超世之才，亦必有坚忍不拔之志。

邓小平：为社会主义中国的前途而奋斗是当代青年最崇高的使命和荣誉。

母亲节活动设计指导

节日由来

世界上许多国家都有"母亲节",都以每年五月份的第二个星期日作为"母亲节",以歌颂世间伟大的母亲,纪念母亲的恩情,发扬孝敬母亲的道德风尚。

"母亲节"的创始人是美国的安娜·贾维丝。1906 年安娜·贾维斯的母亲突然去世后,她决定实现母亲的遗愿,为创立母亲节四处奔走。1914 年,美国国会通过决议并由威尔逊总统亲自签署,将每年 5 月的第二个星期天定为母亲节,并以康乃馨花作为母亲节的象征。

节日期间,家庭成员都要做使母亲欢心的事,并向母亲赠送礼物,表示祝贺。当年的美国总统威尔逊还规定:母亲节那天,家家户户应悬挂国旗,以示对母亲的尊敬。

我国广东省妇联于 1988 年倡议:每年 5 月第 H 个星期日为母亲节,也得到了全社会的响应。近年来,全国各地逐渐开始过"母亲节"。

活动设计

(1)慰问活动。

由工会领导带队,开展慰问母亲活动,让所有成为母亲的职工群众感到作为一名母亲的光荣与伟大。

(2)小型文艺演出。

由工会组织出面,以"母爱"、"歌颂母亲"为主题,举办一次小型文艺演出,以发扬尊重母亲的好传统、好风尚。

(3)朗诵比赛。

挑一些以歌颂母亲为主题的文章诗词,举办一次朗诵比赛,以激发尊重母亲、爱戴母亲的良好风尚。

（4）联欢会。

专门为一定范围内已成为母亲的职工群众举办联欢活动。

母亲节相关知识

（1）关于母亲的名言。

"母亲"是一门女人一生修不完的学科。

母亲是最好的家庭教师。

母亲的身教胜过言教。

好孩子一定有一个好母亲。

儿女的成就是母亲最大的喜悦。

教养子女成才是母亲的责任与骄傲。

母亲是以儿女来点亮她自己生命的女人。

勤快的母亲往往有一个懒惰的女儿。

母亲在时，样样不缺；母亲不在，手忙脚乱。

（2）毛泽东敬母。

毛泽东非常敬爱他那乐于帮助别人的善良母亲，对母亲至诚侍奉。1919年，毛泽东的母亲因病去世。他怀着十分沉痛的心情，写了一篇《祭母文》，赞美称颂母亲："吾母高风，首推博爱，遐迩亲疏，一皆复载；恻侧慈祥，感动庶汇。"

（3）孟母断织教子。

孟子是战国时期的大思想家，儒家思孟学派的代表人物，与孔子并称为"孔孟"。孟子的成才，与他母亲的关心教育是分不开的。

有一天，孟子逃学跑回家来。孟母正在织布，见儿子逃学回家，很生气。为了教育孩子，她拿起剪刀把刚织好的布剪断了。孟子见状非常惊讶，便问母亲为什么这样做。孟母说："你中途停学，和我中途断织是一样的事。君子只有经过学和问才能有广博的知识，以后做事才顺利。现在你未到放学时间就跑回家，将来怎么会有出息？好比我们家是靠我织布为生一样，现在我把布机上的布剪断了，全家吃饭和穿衣的来源也就都断了。"

母亲的劝告给孟子很大的震动。从此，他下定决心，刻苦学习，并拜子思为师，以继承孔子学说为己任，终于成了我国古代著名的思想家。

（4）田母训子。

战国时期，一个下级官吏想从齐国丞相田稷子那里得到好处，于是花言巧语，将两千两黄金"送"给了田稷子。田稷子将钱拿回家，田母觉得可疑。当问明原因后对田说："我听说，读书人应当有道德修养，行为要纯洁，不取不应得的报酬，不拿不义之财。现在，你身为齐王宠臣，俸禄也很优厚，你应当把国家的事办好。作为一名大臣，应当把所有的能力都拿出来治理国家，忠于职守，至死不变。同时，还要廉洁公正。这样办事才能顺利，自己也可以避免灾祸。而你的做法，正好相反。你怎么能对得起齐王对你的信任呢？"

田母还说："做大臣不忠，和做儿子不孝一样。不义之财，我不能要；不幸的儿子，我也不能要！"

田稷子听了母亲的这番教训，非常惭愧。他当即把受贿的钱全部退回，并当面向齐宣王请罪。齐宣王知道后，对田母大加赞赏，并赦免了田稷子的罪。

儿童节活动设计指导

节日由来

每年的 6 月 1 日是国际儿童节，是全世界儿童的节日。

1949 年 11 月，国际民主妇女联合会为保障全世界儿童的权利、反对帝国主义战争贩子虐杀、毒害儿童，在莫斯科召开的国际民主妇女联合理事会议上作出决定，把每年 6 月 1 日定为国际儿童节。我国自 1932 年起，由中华慈幼协会提议，曾以每年的 4 月 4 日为儿童节。但旧中国并没有给中国儿童带来幸福和欢乐。新中国建立后，1949 年 12 月，中华人民共和国政务院作出决定，把我国儿童节与国际儿童节统一起来，将每年的 6 月 1 日定为儿童节。

儿童节这一天，全国入学的少年儿童放假庆祝，开展各种联欢活动，让我国的少年儿童与全世界儿童一起，欢庆自己的节日。

活动设计

（1）联欢活动。

组织各种形式的、具有知识性、趣味性特点的联欢会，如游艺联欢会、趣味联欢会等。

（2）电影晚会。

选择适合少年儿童特点、有利于他们健康成长且富有教育意义的影片放映。

（3）文艺演出。

组织一场有歌舞、曲艺、戏剧组成的文艺晚会，最好是少年儿童自己演出的节目，富有亲切感、趣味性。

（4）英雄见面会。

邀请部队战斗英雄和模范先进人物，让少年儿重与英雄见面，或举行英雄报告会，用英雄们的爱国主义集体主义思想和英雄事迹教育少年儿童。

（5）小发明展览会。

收集少年中的小发明、小科技、小革新、小创作，举办"少年科技成果展览"，可培养他们重视科学、热爱科学的思想情操。

儿童节相关知识

（1）世界上最早的幼儿园。

世界上最早的一所幼儿园是 1802 年由英国最著名的空想社会主义者罗伯特·欧文在苏格兰的纽兰纳克建立的，当时称为幼儿学校。这所学校的指导思想是：愉快而健康的生活条件和有趣味的活动。到 19 世纪后半期，各资本主义国家相继设立了幼儿园。

（2）我国的娃娃皇帝。

在我国两千多年的封建王朝里，10 岁以下的娃娃当皇帝的有 29 人。

最早的娃娃皇帝是西汉的昭帝，最后一个是中国末代皇帝溥仪。最小的是东汉的殇帝，生下来 100 多天就当上了皇帝；1 岁当皇帝的有西夏的昭英皇帝；2 岁当皇帝的有东汉的冲帝和东晋的穆帝；3 岁当皇帝的有北魏的孝文帝和清朝的溥仪；4 岁当皇帝的有清朝的德宗；5 岁当皇帝的有东晋的成帝、南宋的恭帝和元朝的宁宗；8 岁当皇帝的有东汉的质帝、西夏国的夏惠宗和清朝的玄烨等；9 岁当皇帝的有西汉的平帝、明代的英宗等；10 岁当皇帝的有东汉的和帝和北宋的哲宗。

（3）爱迪生"孵小鸡"。

爱迪生是 20 世纪美国最著名的发明家。他自幼好问，勤于动脑，喜爱琢磨，遇事爱寻根问底，好奇心特强。

在爱迪生五岁的时候，有一次他看见一只母鸡在鸡窝里，便问妈妈："鸡把蛋放在屁股底下坐着干吗？"

妈妈告诉爱迪生说："这是鸡妈妈怕蛋着凉，给它们暖和暖和。

"蛋为什么要暖和呢？"

"那是为了孵小鸡。"

听了妈妈的话后，爱迪生想：母鸡把蛋放在屁股底下可以孵出小鸡来，那人坐在蛋上也能孵出小鸡来。他决心试一试。于是，他从厨房里拿了几个鸡蛋，躲到邻居家的仓库里，用碎布、烂草做了个小窝，把蛋放在里面，自己蹲在上面，认认真真地孵起小鸡来。

（4）"书圣"的秘密。

东晋书法家王羲之被誉为"书圣"。他从七岁开始练字，几十年如一日，从不间断。他在绍兴兰亭"临池学书"时，因每天洗笔砚，使一池清水变成'墨池'。正因为刻苦，才练出了入木三分的笔力，成为划时代的大书法家。

后来，他的儿子向他询问学习书法的秘诀。王羲之指着家里的十八口大水缸说："秘诀全在这些水缸里。你把这十八缸水写完，就知道了。"

（5）孩子。

曾任美国鹿特丹大学校长的赫斯伯荷说："做父亲的能为孩子们做的最重要的一件事，就是爱他们的孩子。"

法国作家斯汤达说："孩子是大自然给予我们的债权人。"

美国名记者比尔·华恩说："对一个3岁孩子而言，花了五六十美元装饰的秋千，和他自己提到一只小昆虫，其乐趣差不多是一样的。

美国地质学家霍姆斯说："孩子闯入您家，搞了20年噪音，吵得您简直难以忍受。突然，他离开您了，您家变得静悄悄的，静得可以叫您发狂！"

俄国作者屠格涅夫说："孩子是空中飞翔的小鸟，心情好的时候就飞来，不高兴的时候就飞走。"

（6）家教九戒。

一戒偏心相待，挫伤感情；

二戒简单粗暴，动辄打骂；

三戒求全责备，拔苗助长；

四戒缺乏理解，导致隔阂；

五戒一味溺爱，教管脱节；

六戒只教不做，没有表率；

七戒管得过细，扼杀动力；

八戒脱离实际，要求过高；

九戒意见分歧，无所适从。

建军节活动设计指导

节日由来

8月1日是中国人民解放军建军纪念日。1927 年大革命失败后，为了挽救革命，中国共产党决定，以党能够掌握的革命武装在江西南昌举行武装起义。

1927 年 8 月 1 日凌晨 2 时，在以周恩来为书记的前委领导下，贺龙、叶挺、朱德、刘伯承等人指挥的部队举行了震惊中外的南昌起义。经过 4 个多小时的激战，起义军全歼守敌，占领了南昌。南昌起义，打响了武装反抗国民党反动派的第一枪。它标志着中国共产党独立领导革命战争和创立革命军队的开端。

这时，蒋介石调集重兵围攻南昌。起义部队按原计划，于 3 日至 6 日分别撤离南昌，南下广东。沿途多次作战，9 月底到达潮州、汕头一带，但遇到优势敌军的围攻，部队被打败。保留下来的队伍在朱德、陈毅等领导下转战湖南，发动湘南起义，并于 1928 年 4 月和毛泽东同志率领的工农革命军在井冈山地区宁冈碧市胜利会师，成立了中国工农红军第四军，毛泽东任党代表，朱德任军长。从此，这支人民的军队在毛泽东同志的领导下，不断成长壮大，发展成为今天的中国人民解放军。

1933 年 7 月 1 日，中华工农民主共和国中央政府作出决议，规定每年 8 月 1 日为中国工农红军诞生的光荣日子。从此，8 月 1 日便成为中国人民解放军诞生纪念日，也称"八一"建军节。

建军节前后，全国各地都开展拥军优属活动，表达对人民子弟兵的拥护和爱戴。

活动设计

（1）军民联欢会。

请驻地解放军与职工群众同台演出反映我军光荣传统和军民团结的文艺节目。亦可组织不同规模的军民大联欢。

（2）传统报告会。

可请部队的领导同志讲述人民解放军的光荣传统、保卫祖国的英雄事迹或八一南昌起义的历史等。

（3）军事体育表演。

配合部队举行军事体育表演，如射击、摩托车、通过障碍、跳伞等。也可和解放军指战员共同举行篮球、乒乓球、象棋比赛等。

（4）慰问演出。

"八一"期间可组织文艺小分队到部队驻地进行慰问演出或开展慰问烈军属活动。

建军节相关知识

（1）军人誓词。

我是中华人民共和国的公民，依照法律服兵役是我应尽的光荣义务，为了担负起革命军人的神圣职责，我宣誓：

热爱中国共产党，热爱社会主义祖国，热爱中国人民解放军，全心全意为人民服务。

执行党的路线、方针、政策，遵守国家法律、法令，执行军队的条令、条例和规章制度，服从命令，听从指挥。

努力学习军事、政治、科学文化，苦练杀敌本领，爱护武器装备，保守军事机密，发扬优良传统，参加社会主义物质文明和精神文明建设。

英勇战斗，不怕牺牲，保卫祖国，保卫社会主义建设。

以上誓词，我坚决履行，决不违背。

（2）世界十大军事著作。

《孙子兵法》作者：中国古代军事家孙武；

《战争论》作者：德国资产阶级军事家克劳塞维茨；

《机械化战争》作者：法国前总统戴高乐；

《军事战略》作者：前苏联军事家索科洛夫；

《制空权》作者：意大利的朱利奥·杜黑；

《制海权对 1660－1783 年历史的影响》作者：美国的马汉；

《论持久战》作者：中国现代军事理论家毛泽东；

《制胜的科学》作者：俄国军事理论家苏沃洛夫；

《军事教训》作者：普鲁士的毛奇；

《战争指导》作者：美国的富勒。

（3）历时最长的战争。

历史上最长的一次战争是英法间的"百年战争"，从 1338 年打到 1453 年。

（4）历时最短的战争。

世界上历时最短的战争，仅历时 30 分钟，是英国和尚古巴之间的战争。它发生在 1896 年 8 月 27 日，英国舰队向封为尚吉苏丹的哈里德发出最后通牒，要他离开皇宫出来投降，上午 9 点零 2 分英舰开始炮击，到 9 点 40 分哈里德出面投降，战争遂告结束。

（5）破坏性最大的战争。

1864 年至 1870 年，在巴拉圭反对巴西、阿根廷和乌拉圭的战争中，巴拉圭人从 140 万减到 22 万，其中成年男子只有 3 万人。

（6）损失最惨重的战争。

生命和物质损失最惨重的战争，是第二次世界大战。在这次战争中，战死的军人和平民共达 5480 万人，造成的物质损失约合 13000 亿美元。

（7）协同失误，盟军遭殃。

第二次世界大战期间，英美联军决定在西西里岛登陆作战。有一个空降兵团实施空降，因事先未通知有关部队，识别记号又不明确，结果运送这个团的飞机被己方海军和地面高炮打落。一些正在降落的伞兵也遭到自己部队的狙击，被打死、打伤 400 多人。

建党纪念日活动设计指导

节日由来

每年 7 月 1 日，是中国共产党成立纪念日。

1921 年 7 月 23 日，中国共产党秘密在上海法租界望志路 106 号召开了党的第一次全国代表大会。大会最后一天，移师嘉兴南湖。出席会议的代表共 12 人，代表全国 50 多名党员。"一大"的主要任务是：正式成立集中统一的中国共产党；讨论并确定党的纲领和工作计划。大会选举产生了陈独秀、张国焘、李达三人组成的中央局，陈独秀被选为中央局书记。"一大"的召开，宣告了中国共产党的正式成立。从此，中国有了以马克思主义为行动指南、以共产主义为奋斗目标、集中统一的新型的无产阶级政党。

最早把 7 月 1 日作为中国共产党诞辰纪念日是毛泽东于 1938 年 5 月在《论持久战》中提出来的。将"七一"作为党的生日，首次见于中央文件是在 1941 年 6 月中共中央发出的《关于中国共产党诞生二十周年抗战四周年纪念指示》。指示中说："今年'七一'是中国共产党诞生二十周年。"从此，"七一"就作为党的生日固定下来了。这也是中共纪念"七一"的第一个指示。

活动设计

（1）"七一"文艺晚会。

尽量安排热爱中国共产党、歌颂党的内容。做到既生动活泼又有严肃气氛。

（2）"七一"歌会。

歌会紧紧围绕歌颂党这个中心。还可举办赛诗会或歌曲教唱活动。

（3）书画展览。

展出的书法和绘画作品，主题要突出"三热爱"：热爱党，热爱祖国，热爱社会主义；也可举办党史展览。

（4）党史报告会。

邀请部分老革命讲述党的诞生、成长、战斗历史。会后可放映歌颂党的电影。

建党纪念日相关知识

（1）入党誓词。

我志愿加入中国共产党，拥护党的纲领，遵守党的纪律，履行党员义务，执行党的决定，严守党的章程，保守党的秘密，对党忠诚，积极工作，为共产主义奋斗终身，随时准备为党和人民牺牲一切，永不叛党。

（2）党旗与党徽。

1919年3月第三国际在莫斯科成立，并将镶着镰刀和锤子的红色大旗作为共产国际的旗帜。它象征着全世界被压迫的工农劳苦大众联合起来。

1921年7月1日，中国共产党成立，并决定加入第三国际。从此，镶着镰刀和锤子的红旗，便成了中国共产党的党旗，镰刀和锤子便成了党徽。

党旗、党徽的图案设置是：镰刀把指向左下方，刀尖弯指右上方，月牙形刀口朝左上方开；锤头置于月牙形刀口中间，锤柄交叉在镰刀中间指向右下方。锤子，代表工人阶级；镰刀，代表农民阶级。

（3）中国共产党建党80年20件大事。

新华通讯社2001年约请中共中央党史研究室专家，评出中国共产党成立80年20件大事。这20件大事是：

①中国共产党成立。

②第一次国共合作和北伐战争。

③南昌起义和人民军队的诞生。

④井冈山革命根据地的创建和农村包围城市道路的开辟。

⑤红军长征和遵义会议的召开。

⑥抗日民族统一战线的建立和抗日战争的胜利。

⑦延安整风和党的七大确立毛泽东思想的指导地位。

⑧人民解放战争的胜利。

⑨中华人民共和国成立。

⑩党在过渡时期总路线的提出和社会主义基本制度的初步建立。

⑪党的八大和建设社会主义道路的探索。

⑫粉碎林彪、江青反革命集团。

⑬党的十一届三中全会实现历史性的伟大转折。

⑭党的十二大提出建设有中国特色社会主义。

⑮党的十三大提出社会主义初级阶段理论和党在社会主义初级阶段的基本路线。

⑯邓小平南方谈话。

⑰党的十四大提出建立社会生义市场经济体制的改革目标。

⑱"一国两制"构想和香港、澳门的回归。

⑲党的十五大提出高举邓小平理论伟大旗帜。

⑳"三个代表"重要思想的提出。

教师节活动设计指导

节日由来

9 月 10 日是我国的教师节。

尊师重教是中华民族的光荣传统。早在商代，甲骨文里已有"师"字，是"掌教者"之称。《尚书》说："天降下民，作为君，作之师。君、师并列可谓职业之崇高。荀子认为："礼有三本，天地者，治之本也。"他把"师"作为五尊之一。可见，那时，尊师已达到了相当高的程度。

我国的教师节历经了四次。

第一次是 1931 年 5 月，由教育部邰爽秋、程其保等发起，联络京沪教育界人士，拟定每年的 6 月 6 日为"教师节"，并发表了《教师节宣言》。同时提出改良教师待遇、保障教师地位、增进教师修养三大目标，并于 1931 年 6 月 6 日在南京中央大学举行了第一次庆祝活动。当时的国民党政府虽然没有承认，但还是有一定影响，当时苏区也曾集会庆祝教师节。

第二次是 1939 年，国民党政府决定以中国教育家孔子的诞辰日 8 月 27 日为教师节，同时颁布了《教师节纪念暂行办法》。后来因为进入全面抗战，山河破碎，学校流徙，未能在全国推行。

第三次是 1951 年，由教育部和全国总工会共同商定，废除"八·二七"教师节，将教师节与五·一国际劳动节合并。但在"左"的路线影响下，"教师节"如同虚设。

第四次是 1985 年 1 月 21 日，第六届全国人民代表大会常务委员会第九次会议通过国务院为提高教师的地位、发挥全国教育工作者的积极性，向人大提议重新建立教师节的议案，决定将每年 9 月 10 日作为我国的教师节。

活动设计

（1）教师大联欢。

教师节前后可以举办规模较大的教师游园会。开展体育、游艺、舞会、娱乐等多种形式的联欢活动，使活动具有知识性和娱乐性。

（2）举办展览会。

举办《优秀教师事迹展览》，宣传优秀教师忠于党的教育事业和精心培育下一代的先进思想和事迹，并做好参观者的组织工作。

（3）"为教师服务日"。

义务为教师理发、裁剪和修理各种家用电器设备等尊师活动。

（4）"颂园丁"文艺晚会。

演出的节目内容要突出，形式要活泼，最好由专业和业余文艺工作者以及教师同台演出，以造成浓厚的尊师重教气氛。

教师节相关知识

（1）毛泽东与徐特立。

毛泽东对自己的老师十分尊重。徐特立曾经做过毛泽东的老师。20 年以后，当徐老过 60 岁生日时，身为中国共产党和中国工农红军领袖的毛泽东，特地写信向他祝贺："你是我 20 年前的先生，您现在仍然是我的先生，将来必定还是我的先生。"信中高度赞扬了徐老"革命第一、工作第一、他人第一"的高贵品质，并表示："所有这些方面我都是佩服你的，愿意继续地学习你的。"一封短信，充分体现了一位革命家尊师敬贤的美德。

（2）华罗庚成名不忘恩师。

著名数学家华罗庚常对人说："我能取得一些成就，全靠老师栽培！"为此，1949 年他从国外回来，便马上赶回故乡看望他的老师王维克先生。后来，华罗庚担任中国科学院数学研究所所长后，仍多次从百忙中抽时间去看望王先生，并邀请他到科学院工作。王先生逝世后，华罗庚一直像亲人似地热心照料师母陈淑及其家人。

（3）周恩来关心师母。

南开大学老校长张伯苓曾是周恩来总理的老师。全国解放后，周总理把他一家从重庆接到北京。1951 年 2 月，张先生在天津去世，周总理专程去天津吊唁，并参加了治丧委员会。

张先生去世后，周总理一直惦记着其家人的生活。在国家困难期间，周总理给师母送去 500 元钱改善生活。

（4）尊师名言。

韩愈：古之学者必有师。师者，所以传道、授业、解惑也。

列宁：不提高人民教师的地位，就谈不上任何文化：既谈不上无产阶级文化，也谈不上资产阶级文化。

杜威：教师总是真正天国的代言者，真正天国的引路人。

夸美纽斯：教师是太阳底下最优越的职务。

蔡元培：小学教员在社会上的位置最重要，其责任比大总统还大些。

李世民：玉虽有美质，在于石间，不值良工琢磨，与瓦砾不别。若遇良工，即为万代之宝。

国庆节活动设计指导

节日由来

10 月 1 日是中华人民共和国诞生的光辉日子，是举国欢庆的盛大节日。

自 1921 年中国共产党在上海成立，到 1949 年 4 月 23 日中国人民解放军占领南京，宣告了延续 22 年的国民党反动统治的覆灭，中国共产党为新中国的诞生作出了巨大贡献。

1949 年 9 月 21 日至 30 日，中国人民政治协商会议在北平召开，毛泽东主席在开幕词中豪迈地宣告：占人类总数四分之一的中国人从此站起来了。10 月 1 日下午 2 时，中华人民共和国中央人民政府委员会在北京举行了第一次会议。中央人民政府主席、副主席和委员宣布就职，同时，任命了党和国家的主要领导人。下午 3 时，中华人民共和国开国大典在北京天安门广场隆重举行，首都 30 万军民参加了大典。林伯渠宣布典礼开始，在群众的欢呼声中，毛泽东主席庄严宣告："中华人民共和国中央人民政府今天成立了。"他亲手升起了第一面五星红旗。这时，54 门礼炮齐鸣 28 响，万众欢腾，广场上响起了春雷般的欢呼声。接着举行了阅兵式，朱德总司令检阅了人民解放军陆海空三军受阅部队。

1949 年 12 月 3 日，中央人民政府委员会通过决议，每年 10 月 1 日为中华人民共和国国庆节。

为了欢庆这个一年一度的日子，全国各族人民都要举行各种极其热烈、丰富多彩的庆祝联欢活动，表达对祖国的热爱。逢五逢十年份，还要举行阅兵式或群众游行的盛大活动。

活动设计

（1）专题报告会。

请领导同志报明各条战线的大好形势，宣传现代建设成就等。

（2）国庆大联欢。

联欢内容要围绕歌颂祖国建设成就、宣传为现代化作出重大贡献的模范人物，联欢形式尽量多样化。

（3）图片展览。

运用形象化的形式以照片、图表、文字宣传现代建设成就和全国人民建设现代化的热情。也可举办品种多样、内容丰富的专题邮票展览。

（4）"祖国在前进"诗歌朗诵会或"神州新貌"书画展。

举办歌颂祖国不断进步，人民生活水平不断提高的诗歌朗诵会；也可举办表现祖国新风貌的书画展览。

（5）焰火晚会。

国庆晚上选择合适的场地，燃放五彩缤纷的焰火，可增强节日气氛。但要有安全措施。

国庆节相关知识

（1）五星红旗。

五星红旗是中华人民共和国国旗，是由当时的上海市合作总社调研科长曾联松设计的。国旗由红色的旗面和黄色的五星组成，长与高之比为3：2，旗杆套为白色。红色表示热烈，似红霞一片，象征革命；黄色表示五颗金星闪闪发光，象征光明。五颗金星镶嵌在红旗的左上方，一星较大，居左；四星较小，环拱于大星之右，并各有一个角尖正对大星的中心，寓意为：全国人民心向共产党。大五角星代表中国共产党，四个小五角星代表工人阶级、农民阶级、城市小资产阶级和民族资产阶级。五颗五角星的相互关系象征中国共产党领导下的革命人民团结和人民对党的衷心拥护。

1949年9月27日，中国人民政治协商会议第一届全体会议通过决议："中华人民共和国的国旗为红色五星旗，象征中国革命人民大团结。

（2）中华人民共和国主席。

中华人民共和国主席由全国人民代表大会选举产生，并与全国人民代表大会常务委员会相结合，行使国家元首职权。

为表彰宋庆龄对中国革命和建设作出的卓越贡献，1981年5月16日，第五届全国人民代表大会常务委员会第18次会议通过决议，授予宋庆龄为"中华人民共和国名誉主席"称号。

（3）我国的国歌。

我国的国歌是《义勇军进行曲》，创作于1935年，由田汉作词，聂耳谱曲。

当时,《义勇军进行曲》是影片《风云儿女》的主题歌。1949 年 9 月 27 日中国人民政治协商会议第一届全体会议决定:在中华人民共和国的国歌未正式制定前,以《义勇军进行曲》为代国歌。

《义勇军进行曲》曲调激越,节奏铿锵有力,歌词反映了我国人民的革命传统,体现了居安思危的思想,激励着全国人民的爱国主义精神。

(4)国歌之最。

世界上最早的国歌歌词是日本国歌《君之代》的歌词,其历史可追溯到 9 世纪末。

世界上歌词最多的国歌是希腊国歌《自由颂》,有 158 段歌词。

世界上最长的国歌是孟加拉人民共和国国歌《金色的孟加拉》,长达 142 小节。

世界上最短的国歌是巴林的国歌,只有 7 小节。

(5)礼炮。

礼炮起源于前膛炮时代。前膛炮从炮口装填火药与炮弹,装一次放一下。当战舰进入外国港口时,为了表示友好,要把舰上的炮弹全部放掉。当时的旗舰有 21 门炮,战舰 19 门炮,全部放完就是 21 响或 19 响。所以,现在很多国家在国庆大典或迎送外国元首时,一般也鸣礼炮 21 响或 19 响。

我国的开国大典鸣礼炮 28 响,是对中国共产党 28 年历史的礼赞。

(6)祖国概况。

中华人民共和国位于东半球的北半部;从海陆位置看,位于亚洲东部、太平洋西岸,是一个海陆兼备的国家。

我国幅员辽阔,东西相距 5000 公里,南北相距 5500 公里,领土总面积为 1045 万平方公里,其中陆地面积为 944 万平方公里,岛屿为 7.54 万平方公里,滩涂为 1.27 万平方公里,沿海为 69.3 万平方公里,领海为 22.8 万平方公里。

我国陆上疆界长约 22000 公里,绵延辽宁、吉林、黑龙江、内蒙古、甘肃、新疆、西藏、云南、广西等九个省和自治区,与朝鲜、越南、老挝、印度、阿富汗、巴基斯坦、尼泊尔、不丹、缅甸、蒙古等国相邻。大陆海岸线全长约 18000 公里,北起中朝边界的鸭绿江口,南达中越边界的北仑河口,绵延辽宁、广西等 10 省,与日本、菲律宾、马来西亚、文莱、印度尼西亚等国隔海相望。

我国是一个团结统一的多民族国家,共有 56 个民族,其中汉族人口约占全国人口总数的 92%。目前,全国人口已超过 13 亿。

抗战纪念日活动设计指导

节日由来

1937 年至 1945 年，中国人民在以国共两党合作为基础的抗日民族统一战线旗帜领导下英勇抗击日本帝国主义侵略。1945 年 8 月 15 日凌晨，日本天皇裕仁广播了《停战诏书》，宣布无条件投降。9 月 2 日，日本全权代表重光葵和梅津美治郎在东京湾内美国军舰密苏里号上正式签署了投降书。从此把 9 月 3 日定为抗日战争胜利纪念日。

活动设计

（1）抗日诗歌朗诵会。

可以组织部分文艺积极分子，朗诵反映抗战内容的诗词，以不忘国耻，团结一致。

（2）纪念制高点胜利文艺晚会。

节目内容围绕抗战将士风采等展开，形式活泼，以造成强烈的民族自尊心和自豪感，激发广大职工群众的爱国主义热情。

（3）专题报告会。

邀请曾参加过抗战的老战士讲述战争年代的故事，激发广大职工群众珍惜今日来之不易的和平生活的热情。

抗战纪念日相关知识

（1）第二次世界大战。

1939 年至 1945 年，中、苏、美、英、法等同盟国为反对德、意、日等轴心国的侵略而展开的全球性的反法西斯战争，先后参战国家有 61 个，军队达 1.1 亿人，历时 6 年，战场遍及三大洲、四大洋，以德、日、意三个法西斯国家的失败而告终。战争结果是：死亡 5120 余万人，其中军人 1690 余万，军费消耗约为 1170 亿美元。在这场战争中，首次使用了原子弹、火箭炮、雷达等现代化武器。

（2）抗日战争。

1937 年至 1945 年，中国人民进行了不屈不挠的抗击日本侵略的民族革命战争，时间自 1937 年 7 月 7 日日军向卢沟桥发动进攻，到 1945 年 8 月 15 日日本宣布无条件投降。

战争中，中国共产党领导的抗日军队共歼灭日军 52 万余人，伪军 118 万余人。解放区面积达 104 万平方公里，军队发展到 120 万人。

（3）"九一八"事变。

1931 年 9 月 18 日，日本驻中国东北的关东军突然炮击沈阳，向驻守在北大营的中国军队发动进攻。在蒋介石下令东北军"绝对不得抵抗"的情况下，几十万东北军不战而退，日军长驱直入，于 19 日占领沈阳全城，接着又分兵侵占吉林、黑龙江。至 1932 年 2 月，东北三省全部沦陷。

"七七"事变亦称"卢沟桥事变"。这是日本帝国主义向中国发动大规模侵略战争的开始。

从 1937 年 6 月起，日本侵略军在北平西南宛平县附近连续进行挑衅性军事演习。7 月 7 日夜，日军借口一个士兵失踪，要求进宛平县城搜查，遭到守城中国军队的拒绝。日军立即炮轰宛平城和卢沟桥。驻守在卢沟桥的第 29 军 37 师吉星文团，奋起抗击日军。

7 月 8 日，中国共产党通电全国，号召全国抗战。伟大的抗日民族革命战争由此开始。

（4）平型关大捷。

平型关战役是抗日战争时期的第一次胜仗。

1937 年 9 月 25 日早晨，八路军 115 师在山西平型关伏击日军精锐板垣师团主力。经一天激战，歼敌 1000 余人，击毁汽车 100 余辆，缴获大量枪支弹药和军用品。

平型关大捷打破了"日军不可战胜"的神话，极大地鼓舞了全国军民的抗日热情和胜利的信心。

（5）百团大战。

这是抗日战争时期由八路军在华北敌后根据地发动的一次时间最长、规模最大的战役。

1940 年 8 月 20 日至 12 月 5 日，八路军在彭德怀指挥下出动 105 个团，共 40 万大军，在 2500 公里长的敌后战线上同时出击。整个战役我军共进行大小战斗 1824 次，歼敌 25000 余人，摧毁敌据点近 3000 个，破坏交通线近 2000 公里，给日本侵略者以沉重打击。

护士节活动设计指导

节日由来

护士节是英国政府为纪念近代护理学的奠基人，英国女护士弗罗伦斯·南丁格尔所设立的，5 月 12 日是南丁格尔的诞辰日。

1854 年至 1856 年间，俄国与英、法、土耳其联军在克里米亚交战。战争开始阶段，由于英军医疗条件极差，半数以上的伤病员由于缺乏护理而死亡。危急时刻，南丁格尔率领 38 名护士来到前线，在斯库维里城英军战地医院护理伤病员。她竭尽全力改善医院的后勤管理、病员营养和环境卫生。由于护理质量的提高，在短短的几个月里，使伤病员死亡率由 50% 下降到 2.2%。她因此名震全英。

南丁格尔的工作受到英国人民和政府的大力赞赏和爱戴。为了表彰她的功绩，英国政府给予她 4.4 万英镑的奖励；英国人民自筹资金赠送给她，并以她的名字命名为"南丁格尔基金"。

1860 年，南丁格尔用这笔捐款在伦敦圣·托马斯医院创办了第一所正规的护士学校——南丁格尔训练学校。她以自己的思想认识和知识技能训练、培养护士，把学生培养成有知识、有文化、有实践经验的护士，从而使护理工作真正开始成为一门系统科学，推动了西欧各国以及世界各地的护理工作和护士教育的发展。为了表彰她对护理学作出的贡献，1907 年英国授予她"大不列颠荣誉勋章"。

南丁格尔于 1910 年逝世，享年 90 岁。为了纪念这位"护士之母"的功绩，国际红十字会决定将她的生日——5 月 12 日定为护士节。

活动设计

（1）慰问演出。

组织一场有歌舞、曲艺、戏剧、诗歌朗诵等组成的文艺演出，也可由护理工作者自排自演。

（2）联欢活动。

组织各种形式的、具有知识性和趣味性特点的联欢会。

（3）电影晚会。

选择反映护理工作者风采的富有教育意义的影片放映。

（4）事迹报告会。

邀请在护理工作上有突出成绩的模范人物作报告。

护士节相关知识

（1）人体上的生理数学。

人全身有 639 块肌肉，约有 60 亿条肌肉纤维，206 块骨头。骨骼是空的，但每平方厘米可承受 1.5 吨的重压。

成年人的大脑重约 1400 克，共有 140 亿个脑细胞，每天能记录 8600 万条信息，一生中能储存 1000 万亿个信息单位。

人的心脏重约 300 克，终生不停地泵出浇灌生命之花的血液。

一双健康正常的眼睛，可以分辨出 700 万种深浅层次不同的颜色。

一个人约有 12 万根头发，10 万个汗腺，500 万个汗毛孔。

人周身的红血球，每秒钟大约要死亡并新生各 1000 万个，其生存寿命为 4 个月左右。

（2）中药的最佳服药时间。

①对胃肠有刺激的药宜饭后服；

②泻药宜空腹服；

③催吐药宜清晨服；

④滋阴血药宜入夜服；

⑤健胃药宜饭后服；

⑥安神药宜睡前服；

⑦治症药宜发作前服；

⑧发汗解热药宜午前服；

⑨打虫药宜空腹服：

⑩补养药宜饭前服。

第三章
学校联欢活动组织指导

联欢会的类型

我国是多民族国家，各民族人民在欢度自己的传统节日时，大都按照本民族、本地区的风俗习惯，组织内容丰富、形式多样的欢庆集会或活动。如：蒙族的那达慕大会；壮族的歌圩；哈萨克、柯尔克孜、塔吉克等民族在节庆日子举行的"刁羊"、"姑娘追"等游戏活动；彝、白、傈僳、纳西、拉祜等族在火把节举行的庆贺、游乐及饮酒歌舞活动；又如：回族在古尔邦节、藏族在旺果节、傣族在泼水节、苗族在跳场、"四月八"，布依族在"六月六"，水族在过端等节日举行的欢庆活动。以及汉族和许多民族在春节、端午节用各具特色的方式庆祝丰收、祝福平安、增进友谊、表述爱情、享受节日的欢乐等活动，都属于联欢会的范围。

下面，介绍一些适于基层经常开展的联欢活动。

春节游艺会

拟例：选一面积为 1500 平方米左右的食堂做会场。会场的门口张贴大红对联。两旁悬挂纱灯。室内墙壁、天花板、吊灯上纵横交错地拉起彩球、彩带、彩链，灯光透过这些装饰，增添了节日光彩。在会场的一角，醒目地布置了《游戏宫》，这里集中了钓鱼、钓瓶、盲人摸礼品、贴鼻子、吹蜡烛、画地图、拼地图、手枪打靶、套圈、套鹿、夹球、虎口投球、敲鼓蒙头、巧走脚印等项目，吸引来人参加。在另一角布置《智慧宫》，设二百条智力测验题，二百条地理、历史、人物、天文、生物、数学、物理、化学等有趣味的知识测验题；还有谜语二百条，供游者猜设。在室内的另一处，设置棋艺宫，设有象棋、围棋、跳棋、国际象棋等各十五副，供爱好者对弈。还利用边沿场地设置三处发奖台，获胜者持奖票，在轻快的乐曲声中依次领奖。游艺晚会的出口设在食堂另一端的大门。出口布置得令人回味，余韵尚浓。这种集各项游艺、文娱等活动于一堂的联欢形式，有些人又称之为"大观园"。参加者可根据自己的爱好和兴趣自由地、游动地选择游玩项目，入退场不求一致，组织者应尽量使人们无拘无束、轻松愉快，乘兴而来、尽兴而归。这种春节游艺会的举办方法可供工厂、医院、商店、机关、大专院校和农村等单位参考采用。

元旦迎新晚会

拟例：在一所中学教室里，雪白的墙壁上张贴迎接新年的墙报，黑板上精心绘制带有庆祝元旦字样的粉笔画。课桌搬到室外，坐椅整齐排放。活动以自编自演文艺节目为主。晚会开始，团支部、班委会首先向同学们表示祝贺，然后报幕员主持联欢活动。报幕员是班里有名的活跃分子，他的开场白把同学们领入快乐的意境中。节目演出的顺序是：混声小合唱、相声、故事、二重唱、京剧清唱、三句半、手风琴独奏、诗朗诵、单人舞、独唱、器乐小合奏、舞蹈等。班主任老师也即兴演出节目。最后同学们跳起集体舞，盼望听到新年的钟声，迎接新的一年的到来。当新年的钟声刚刚响过，一位慈祥的新年老人缓步走来，向同学们祝辞并赠送贺年片，还转送了由每个同学准备的一份献给大家的礼品。班长发表简短的新年祝词，师生互相祝贺勉励，并再一次跳起集体舞，在欢乐的高潮中结束晚会。

"五四"联欢会

拟例：在一所大学举行的文艺汇演。以各文艺社团作活动骨干，各系各班提前创作排练一批纪念"五四"、反映校园生活的文艺节目。汇演于"五四"前夕在礼堂举行。组织工作实施方案包括：节目组织；舞台和灯光、服装、道具的使用和管理；后勤工作及财务开支；评选获奖节目工作和奖品设置；汇演的宣传工作；观众的组织工作；票、证、请柬的管理、发放和接待工作等等。晚会于 7 时 30 分开始，按工作程序规定，工作人员 6 时 15 分就位，观众 6 时 30 分开始入场，演员 7 时穿着演出服装，携带乐器等演出用具向舞台监督报到，7 时 30 分汇演开始。节目顺序如下：

①大合唱
②相声
③舞蹈
④男声独唱
⑤女声小合唱
⑥口琴独奏

⑦藏族舞蹈

⑧小提琴独奏

⑨诗朗诵

⑩管弦乐合奏

⑪男女声二重唱

⑫舞蹈

⑬男声小合唱

⑭女声独唱

⑮双人舞

⑯相声

⑰舞蹈

晚会结束后，工作人员认真清场，洒扫整理，收罗失物，关闭门窗。舞台及后台工作人员更要仔细查点物品、用具。水、火、电源要管理好，不留事故隐患，善始善终。

中秋赏月晚会

拟例：在山区的一个农村场院。夜空晴朗，月光皎洁，场院明亮如昼。辛勤劳动换来了丰收的好年景，青年们憧憬着丰收后的生活，团支部筹办了中秋赏月晚会，参加者除青年外，还邀来了村中的长辈、干部等。他们准备了自产的苹果、梨、桃、枣、葡萄等水果，大家围着场院席地而坐，边欣赏演出，边聊天，边品尝鲜果。随后演出开始，节目中有：京东大鼓、二胡齐奏、笛子独奏、唢呐独奏、评书、故事、锣鼓词等。晚会上还可以欢迎村中善艺者讲故事、做口技、清唱、乐器演奏等即兴表演。演出结束，还向空中放了大小不同的若干个"孔明灯"。散会后，团支部号召青年们主动扶送老人、小孩回家，使"五讲四美"在农村蔚然成风。

庆丰收联欢会

拟例：在平原的乡村，三夏大忙之后举行。场院里作了简单布置：一侧作舞台，用竹木编结的架子搭成彩门作台口，架子上插嵌着松枝、艾蒿和鲜花。场院四周插上一面面彩旗。活动内容分两部分。一部分是大队业余演出队自编自演的文艺节目；一部分是请一台大戏。演出后去附近池塘边放河灯、观河灯。每个青年都采集荷叶、蒲草、利用麦秸、彩纸、蜡烛等原料，设计了各具形状的漂浮在水面上的彩灯。联欢会的程序是：一、场院文艺演出；二、放河灯。以具有浓厚乡土特色的文艺形式，尽情表达丰收的喜悦。农村的联欢会一般在晚饭后开始，所以舞台、场院和池塘边要安装好照明用灯。

单位之间的联欢会

拟例：某建筑公司和某纺织厂在礼堂内组织了一次联欢会。事先，双方协商了各自的节目、演出的顺序、场地观众组织等工作的分工以及经费开支的分摊办法。工作的安排体现着兄弟单位之间的友谊。在文艺节目演出之后，由小乐队伴奏，人们随着欢快的舞曲，在礼堂中跳起交谊舞。为了保证联欢会顺利进行，双方应按照协定严格控制入场券发放。礼堂附近设临时存车处，安排专人管理存放。事先检查礼堂各种安全设施。舞会上应该注意照明充分，乐曲健康，并维持好场内外秩序。

联欢会的组织和注意事项

组织机构

组织联欢会应有一个领导班子，领导班子下设组织指挥、秘书接待、宣传报道、奖品、保卫、后勤等方面的办事机构（如下表）：

```
                    ┌──────────┐
                    │  领导小组  │
                    └──────────┘
    ┌──────┬──────┬──────┬──────┬──────┬──────┐
  ┌────┐ ┌────┐ ┌────┐ ┌────┐ ┌────┐ ┌────┐
  │组织│ │秘书│ │宣传│ │奖 │ │保 │ │后 │
  │指挥│ │接待│ │报道│ │品 │ │卫 │ │勤 │
  └────┘ └────┘ └────┘ └────┘ └────┘ └────┘
```

组织小规模的联欢活动，办事机构应该精干，工作可以兼并。组织不同特点、不同类型的活动，其办事机构的名称和内容，也应作相应的调整。

在办事机构确定后，应及时制定工作日程和实施方案并组织力量落实。对于工作中的难点，要集中力量攻克。组织者还应冷静审慎，设想意外情况，准备应急措施。严防酿成事故。

注意事项

①群众性的联欢活动应该体现群众的意愿。在有些场合下，群众和演员结合较紧，不仅在感情上交融一体，而且观众也是演员，演员又是观众。活泼和谐无拘束的气氛，往往给群众留下深刻印象。在筹备活动时要集思广益，真正把群众作为活动的主人。

②要把文化体育活动的普及与提高结合起来。选择活动内容要广泛，节目安排要有节奏、有起伏。既要雅俗共赏，又不单纯迎合群众的某些要求。力求寓教育于活动当中，使与会者得到健康的享受，做到有群众性、趣味性、知识性和思想性。

③要贯彻勤俭节约的原则，尽量就地取材，利用现有条件，自己动手，因陋就简，少花钱，把联欢活动办好。

④联欢活动还应当十分重视安全工作，设法杜绝各种事故发生。

联欢会的宣传工作

任何联欢会的组织工作都是综合性的，工作量也是巨大的。因此，需要有领导和广大群众的关心和参加，需要得到各方面的热情支持，还需要辅以大量的行政工作等等。组织只有充分发挥大家的积极性，善于把联欢会的工作变成各个方面和群众自己的行动，才能把联欢会开好。

首先要明确指导思想。在大目标明确的前提下，还要把具体目的加以明确。例如，所组织的联欢会是为庆贺某一节日、事件为主；还是围绕某主题，着重于宣传，给青年某些收益，是以解决青年的某项切身利益问题为主；还是通过活动调节生活，照顾青年的娱乐和休息。明确这个具体目的，有利于使各项实施方案和工作都围绕一个中心思想来完成，使工作协调一致。

为了动员各方面关心、支持、配合工作，组织者一般应向工会、妇联、武装、行政、专业工作者、保卫部门等方面介绍联欢会的意义，要从大处着眼，从青年工作和青年特点的角度，宣传"配合党的中心工作"和"适合青年特点"的关系，从组织联欢活动的目的和直接效果等方面讲清开好联欢会与各方面工作的有机联系和推动作用，争取各方面的支持，使他们感到为青年工作出力是社会责任。联欢活动对于先进者来说会汲取精神力量，快马加鞭更上一层楼；对化消极为积极因素而言，是"截流不如疏导"中的疏导；对转变后进者则是"与其扬扬止沸不如釜底抽薪"中的"釜底抽薪"，教育的效果实为事半功倍、通过晓之以理、动之以情的宣传，争取各方面负责同志参加到领导班子当中，为搞好活动出谋献策，出人、出财、出力。直接请党委负责同志挂帅，这是关键。也可以在征得党组织同意后，运用领导的威望和力量大力促成各方面参加领导工作。领导小组成立后，还应多做联络、疏通、平衡、检查等配合工作。组织者更应嘴勤、手勤、腿勤，使活动的每个细节工作都得到落实。

为了发动青少年和各界关心和参加联欢活动，还需要做些文字宣传，现将常用宣传件的一般格式做一简单介绍：

为扩大联欢活动的影响。布告周知，可以张贴海报。海报格式如下：

海　报

　　为纪念五四青年节，定于五月三日晚七时在厂门口举行火炬接力赛开幕式。然后，将有我厂一百五十名男女运动员沿着三里桥、四条口、向阳路返回厂门口。欢迎全厂职工前往助兴。

××机械厂火炬接力赛组委会

×年×月×日

晚会消息

　　农历八月十五日晚八时，在村东场院，召开青年中秋月光晚会，欢迎乡亲们参加。

×××大队团支部

×年×月××日

　　海报使用纸张的颜色、开张、质地都应与活动本身协调。文字书写端正、清晰，可作美术加工。张贴地点应根据活动内容规模及其在本单位的作用不同而作适当选择。

　　如果需要尽快通知各个方面。还可以利用广播宣传使联欢活动家喻户晓。

请柬、入场券、工作人员证的式样

为了确切介绍活动的概况，郑重地聘请领导和有关部门、有影响有代表性的人物参加本活动，接待组常以大会或主办者的名义印制请柬。常用请柬格式为：

请　柬

×××同志：

　　为感谢您对培养教育青少年付出的辛勤劳动，定于××××年×月××日在我校礼堂举行春节慰问演出

　　请出席

北京××中学党支部

请　柬

　　定于十二月××日（星期×）晚×时，在京棉×厂礼堂举行市建×公司和京棉×厂青年迎新友谊联欢会

　　请届时出席　　　　　　　市建×公司团委

（每柬一人·东门入场）　　　京棉×厂团委

　　会场地址：×××××××　　　　　　××××年×月×日

为了控制活动的规模，表明参加者的资格，应向参加活动的个人或者集体发放入场券。入场券的格式如下：

北京××医院春节联欢会

入 场 券

时间：×××年×月×日下午×时

地点：礼堂

主办：院团委

（每券一人·请勿转让）

青年友谊联欢会

集 体 入 场 券

时间：×××年××月×日×时

地点：京棉×厂礼堂

（每券一人·集体入场有效）

入场券可以打印、铅印，也可以油印。所用字体应清晰大方，字号可以不同，便于使要目突出醒目。为便于验票，防止漏洞，还可以在票面印出编号或加盖公章。如所用礼堂、剧场原有入场券可用，而且到会者都需有座位时，应想到发出的请柬应附带座位号的入场券。

为保证联欢活动进行得有条不紊，工作人员应佩带标志：工作证、工作签等。其格式如下：

工作人员

01022

较大型的晚会或若干单位联合举办的晚会，应与工作证同时佩带职务签，在后台工作中尤为需要：如：

| 工作人员 | 舞监 | 前台主任 | 司幕 | 摄影 | 演员 |

演员应发给场地票或其他标志，如：

北京第×机床厂

场 地 证

奖品的设置和发放

在联欢会活动中为了给与会者以鼓励和安慰，一般都发放一部分奖品。奖品的数量和规格恰到好处，将给联欢会增添很大光彩。下面，着重介绍游艺活动奖品的设置和发放。

在筹备阶段，要对奖品的等级、每一等级的价格、印制奖票的张数作大致的估算，然后分别落实。估算可按下列经验公式：

$$F = K \cdot \overline{P} \cdot T \qquad\qquad \cdots\cdots (1)$$

上式中：

F 为印制奖票总张数；

$\overline{P}$ 为各项游艺平均获胜率；单位：次/分

T 为游艺晚会持续时间；单位：分

K 为获奖系数，即各项游艺平均获胜几次按规定可得到奖票一张；一般 K≤1；单位张/次；

由上式可以看到：印制奖票的总张数与各项游艺平均获胜率以及晚会持续时间成正比。如果仔细分析一下，K，$\overline{P}$，T 三个量都是可以作人为控制、规定和调节的，调节得好，可以增加群众参加联欢会的兴致，保证发奖工作自始至终顺利完成。如 $\overline{P}$ 的数值过大，则得胜过于轻易，失去动脑筋的乐趣，而产的数值过小，则取胜很困难，又使游玩者望尘莫及，失去信心。$\overline{P}$ 的调整可以通过对各项游艺的难易程度得到。如套圈这一项目，通过投掷者与目标之间距离的调整，圈的直径大小的调整都可以使 $\overline{P}$ 改变。同样 K 值可以通过规定得到，如猜对三条谜语得一张奖票 K=1/3；猜对一条谜语得一张奖票 K=1；晚会持续的时间 T 当然是组织者确定的，这样我们便可以估算出一场晚会共需印制多少张奖票了。获胜者可凭手中奖票的数量领取奖品。

在筹办奖品时需要制定不同的等级。等级的规定单位按每张奖票的价格不等划分。设每张奖票的价格为 Q，则：

$$Q = \frac{W}{F} \qquad\qquad \cdots\cdots (2)$$

上式中：

W 为购买奖品的总金额；单位是元。

F 为印刷奖票的总张数；单位是张。

如果以一张奖票作为领奖的下限，即最低奖品等级，则规定递增奖票张数得到以上各等级。奖品分等级也不宜过多，一般分开三等就可以。

在全部奖品数量中，一等奖份数占 15% – 20%；二等奖占 30% – 35%；三等奖占 50% 左右。而三个奖品等级所花费的金额大致相等。按照上述比例，可以按照不同等级的 Q 准备奖品。

上述估算，一般在提出经费预算时可以采用。如果上级批给的经费和预算数量有出入，或者在预先已有一个支出总数的情况下，对于印制奖票的张数和每张奖票的价格计算，也可以从上式计算方法得到。

在购买奖品时，应考虑到获奖者的年龄、职业，联欢会的时间和主题等因素，使奖品具有纪念性、实用性、群众性。

另外，制定奖票也可直接分成等级，这就需要对各项游艺规定获胜一次取得第几等奖。这也是一种组织办法。

在游艺进行过程中，应对各项发奖的情况及时了解，调整由于项目难易度不等，游玩者人数不等所带来的不平衡。克服发奖前后松紧不一的状况，使到会者专心活动，避免不必要的紧张，减少对发奖处的压力。

发奖处应设在醒目、宽敞的地方，便于群众选择奖品，减少拥挤。

奖票式样：

0021	0102	0112
奖 票 壹张 （盖章有效）	奖 票 贰张 （盖章有效）	奖 票 叁张 （盖章有效）
0030	0505	0520
奖 票 壹等 （盖章有效）	奖 票 贰等 （盖章有效）	奖 票 叁等 （盖章有效）

演出、竞赛等联欢活动奖品的设置方法，也应根据经费和参加人数的多少"量体裁衣"，量入为出。按照上述奖品等级设置，结合活动特点参照办理。

会场的布置

以游艺晚会为例，介绍几个方面的设想：

（1）入口处的布置应有热烈气氛，烘托表现活动的主题思想。还应设有导游说明，参加活动须知。使参加者有一总括的印象。

（2）游艺项目的布局。游艺项目的布局要根据场地的大小、光线、电源、进出口、周围环境、占地多少、使用方法、人流大小、动或静、要不要张挂说明和附图、对游者视线的阻挡程度、安全可靠性等来安排。一般地说，把能活跃气氛，人流较大的项目放在醒目、方便的地方。

（3）出口处也张贴些宣传画，与入口处相呼应，具有较热烈的气氛，令人回味，留恋。场内路线比较畅通，场外交通比较方便，还能起到太平门的作用。

（4）环境布置是游艺会的重要组成部分，必须与游艺活动内容相一致。文字、图案相结合的宣传形式，色彩要鲜明，图案要富有趣味性。也可以利用彩旗、彩球、彩花、彩灯，制作立体字、图等手段烘托气氛，美化场地。

美工制作的方法

对于各项说明、装饰、图案、立体字等的制作一般用纸裱糊。它制作简便，效果较好。

裱糊方法

把纸反面向上放平，由中心向四周涂上薄浆糊，而后将纸放到板面上，由中心向四周平刷，在剧平过程中随时将纸提在手中，动作迅速，否则容易起空心泡。

如遇纸张有矾性，上浆糊后稍等片刻，等待纸张水分吃透后裱糊，比较容易裱平。

裱道林纸，牛皮纸在反面涂上浆糊后，必须待渗透几分钟方可裱糊。

裱蜡光纸因正面有裱不易吸水，反面涂上浆糊后，必须渗透几分钟方可裱糊。

黄版纸并合，要两面上浆，而后把浆糊面合并压平，待干燥后方可使用。

会标、对联可以在大红纸上用毛笔写字以后晾干，在字周围粘些形状无规则的金银纸屑，效果较好。

几种小型装饰品的制作

彩带：用彩色绉纹纸剪成宽 2 – 3 厘米，长度任意的长带即可使用。

彩链：将宽 2 厘米，长 20 – 25 厘米的彩色纸条两端粘接起来成为一环。再依次做若干环节使之环环相联接，直至达到要求长度为止。

小彩灯：用长 20 厘米、宽 13 厘米的蜡光纸（彩纸亦可）沿着长边方向从中对折。在垂直于折缝方向用剪刀以 2 – 3 毫米的间隔依次开剪，刀痕长度约占纸宽的四分之三。打开后粘接两端，再粘接两个边和提梁、穗便成。

小彩灯也可以按比例缩小或放大。如在彩灯里边安装小灯泡，效果也很好。

彩球：以宽 20 – 50 厘米，长数米的彩绸，往返折绉，再用细线将折叠部分拦腰扎紧，经过整形，成为彩球。

孔明灯的制作：用纸糊纸高 1 米，直径 50 厘米的圆筒或长 60 厘米的正方筒，粘接部分应密不透气。再用细竹条和粗铅丝做成支架，支架中心点应能安放酒精球即成。在放灯时先将纸筒撑开，筒口向下，支架平放在筒口内，与筒边固定，然后点燃酒精棉球，孔明灯即可升入天空。

孔明灯一般用于室外活动，选择高空没有障碍的窨态场进行，无风或微风天气为宜。

第四章
学校游园活动组织指导

游园活动的概述

　　游园活动具有小型多样、丰富多彩的鲜明特色，故而倍受广大职工群众的欢迎，成为基层工会开展文娱活动的一种常用的形式。在节假日组织开展一次内容健康、形式活泼的游园活动，有利于增强广大职工群众的身心健康，提高智力水平，锻炼职工群众的意志和毅力，密切干群关系，丰富职工的文化娱乐生活。

　　游园活动具有以下特点：

　　第一，不拘场地，厂矿单位的小公园、花廊、院落、球场、广场、操场等处都可以开展这项活动。

　　第二，根据场地大小，可以接纳数十、数百、甚至成千上万名职工群众同时参加活动。

　　第三，游园时间可由主办者自由掌握，长则二三日，短则数小时。参加者可根据自己的兴趣爱好自由地、游动地选择游戏项目，入退场不求一致，可以无拘无束，乘兴而来，尽兴而归。

　　第四，活动项目可根据场地特点灵活设置，随意增减。

　　第五，游园游戏一般都在绿树花草间进行。活动者一边游园一边参加游戏，既可领略游园活动之闲情逸致，又可感受参加游戏之兴奋快慰，格外尽兴。

游园活动的筹划阶段

这个阶段的工作有：（1）确定游园场地（可利用本单位场地或租用其他场地）。（2）确定主办单位、协办单位、承办单位，成立游园筹备委并确定各职能小组成员。（3）制订切实可行的游园游戏活动方案。四、提出整个活动的经费预算并取得有关领导的批准。

开展游园游戏活动之前要成立一个专门的组织机构，根据本单位的实际情况（如场地、经费、人员等），制订一个周密的活动计划，以求活动开展得成功、圆满。可成立一个游园活动筹备委，筹备委主席由单位工会领导亲自担任，下设活动项目组、道具制作组、经费组、总务组、宣传组、保卫组等职能小组，各司其职，各尽其能，把游园活动组织好。

游园活动项目组

组员可由长期从事基层工会工作、经常组织各项文娱活动的热心职工组成。该组的主要职能是提出各种可行的活动方案交筹备委讨论，活动项目的设定要考虑到形式、内容符合本单位的实际情况和条件兼顾职工的喜好。

游园道具组

当筹备委将游戏项目确定下来之后，部分游戏需要使用道具的，便可交这个组筹办。道具的来源有三个途径：

（1）购买。如气球、手帕等。

（2）借用。如锣鼓、桌凳、气枪等。

（3）制作。该组的能工巧匠们可根据活动项目组的设想和提供的图纸，本着节约、美观、实用的原则，尽量就地取材，利用现有条件，自己动手因陋就简地进行制作，保证活动的顺利进行。

游园经费组

游戏项目一旦确定，该组便可匡算出本次游园活动大致所需费用。经费的预算主要从以下几个方面着眼：

（1）奖品。根据活动项目设立的奖次定下奖品标准。把各游戏项目奖品的所需费用加起来，便能得出奖品一项所需总经费。

（2）购买或制作道具所需费用。

（3）装饰费。园中需点缀一些花灯、彩球、色带、横幅等装饰物，可提前派人前往商店考察一下有关的品种、价格。

（4）其它费用。如将游园活动的精彩、欢快场面拍摄下来，制成一本资料性画册，那将是非常有趣的。这就必须考虑购买胶卷及冲印费用。另外，工作人员的补助、误餐费等也应考虑到。

总之，经费预算可稍多一些，留有一定余地，以免措手不及。经费组将各项经费综合起来，得出一个数字，报有关领导审核拨款。

游园总务组

总务组的成员必须具备认真负责、细致勤劳的工作作风。该组的主要工作有：场地的清理美化、道具的安装布置、奖品的挑选采购、茶水食品的供应服务等等。

游园宣传组

宣传组的任务是：

（1）从组织游园活动的目的意义和直接效果等方面，讲清开好游园活动与各方面工作的有机联系和推动作用，争取各方面的支持协助，使他们感到为工会工作出力是社会责任。

（2）为扩大游园活动的影响，应认真设计、书写并广为张贴海报，使活动有声有色。

（3）设计、印制游园请柬、入场券、对奖券、工作人员证等。

（4）采写有关新闻报道，邀请并配合有关新闻单位前来进行有声有色的采访。

（5）拍摄活动照片及录像片，制作、剪辑成资料性的画册、专题片。

（6）书写有关横幅、标语等宣传品，以增添节日气氛。

游园保卫组

保卫组一般由单位身强体壮、正直勇敢的小伙子组成，主要负责检票、维持园内秩序、制止损坏活动器具、撕扯活动用品的行为，缉拿进行偷窃、破坏活动的不法分子，保证游园活动的顺利进行。

筹备委所属各小组应精干，工作可以兼任。机构确定后，应及时制定工作日程和实施方案并组织力量落实。对于工作中的难点，要集中力量攻克。筹备委还应冷静审慎地设想意外情况，准备应急措施，严防酿成事故。

游园活动的准备阶段

场地、经费落实以后，便可进入游园活动的第二阶段——准备阶段了。准备阶段所要进行的工作较为繁杂，主要有以下几个方面：

（1）购置或制作有关道具。

（2）按奖次选购奖品。

（3）清扫、布置游园活动会场。

（4）设计、书写、张贴游园会海报，设计、印制、颁发游园会请柬、入场券等。

游园场地的安排

入口处

入口处应张贴大红楹联，两旁悬挂纱灯。这些布置要鲜艳夺目，造成一种红红火火、喜气洋洋的气氛。园内纵横交错地拉起彩带、彩链，悬起彩球、彩灯，以增添节日光彩。《游园须知》和《导游图》应设在入口处显眼的地方，使参加游园会的职工群众心中有数。

游戏点的布局星罗棋布的游戏点，其布局不可随心所欲。应根据场地的大小、光线的强弱、电源、进出口、周围环境、占地多少、使用方法、人流大小、动或静、安全可靠性等来安排。应特别考虑并做到的是：疏密有致，动静结合。所谓疏密有致，是主办者应考虑到哪种游戏参加或吸引的人多，哪些游戏参加或吸引的人相对地少些。人多的项目要安排在大块场地上进行。所谓动静结合，是主办者在选择游戏地点时，应将一些"静"的游戏项目，如猜谜、钓鱼、打靶等等尽量安排在一处。而那些"动"的游戏项目，如卡拉 OK 大家唱、电子游戏机、盲人击鼓等应尽量安排在另一处，以各得其乐，互不相扰。

出口处

与入口处相呼应地张贴一些宣传品，让游园会的热烈气氛贯穿始终，令参加者留连忘返、回味无穷。另外，领奖台最好安排在出口处，以便获奖者领过奖品之后，便由出口处退场，尽兴而归。

游园的必备设施

疏散通道

游园会是深受职工群众喜爱的一项娱乐活动。游园会常常是人满为患，令主办者大伤脑筋。因此，设立疏散通道是必不可少的。一旦发生意外，即可打开备用门，引导群众撤退。

医疗点

备些常用药品及医疗器械，由厂矿医生坐阵，随时诊治游园会中的紧急患者。

消防器材

为了保证游园群众和国家财产的安全，必须置备一定数量的消防器材，以防止发生火灾事故。

茶水、饭菜供应点

游园会一般都是持续进行的。为使参加者尽兴游园，可设点供应茶水、冷饮、瓜果、糕点，午间供应快餐、方便饭，以方便游园的职工群众。

广播站

在园内装置几个小喇叭。一来可以指导职工群众游玩，配合游园活动。二来可以播放一些情调轻快的音乐，以渲染游园会的喜庆气氛。三来可以应急，万一出现意外时，可利用广播指挥职工群众疏散。另外，若人多拥挤而走散了孩子、亲友，也可通过广播帮助找寻。

舞台

如游园会安排演唱、演奏、朗诵、演讲、灯谜现场抢猜等活动，可临时用砖块、水泥板、木板等材料搭砌一个小舞台，以利于群众观看。

发奖处

须将各类奖品备足备齐，并安排专门的工作人员，随时以热情的态度接待游园的职工群众领奖。

保卫处

可在此处调解、处理纠纷，查询、讯问不法人员。此外，保卫人员也有了个换班休息的场所。

指挥部

由主办游园活动的工会领导亲自坐阵，轮换值班，处理协调游园活动中出现的各种问题，接待有关领导的光临和新闻单位的采访。

奖品的设置与发放

在游园活动中，为了给与会者以鼓励和喜悦，一般都要发放奖品。奖品的数量和规格要恰到好处，发放奖品将给游园活动增添光彩。

（1）在筹备阶段，要对奖品的等级、每一等级的价格、印制奖票的张数作大致的估算，然后分别落实。估算可按下列经验公式：

$$F = K \cdot P \cdot T$$

上式中，F 为印制奖票总张数；P 为各项游艺平均获奖率，单位是次/分；T 为游艺会持续时间，单位是分；K 为获奖系数，即各项游艺平均获胜几次按规定可得到奖票一张，一般 K≤1，单位是张/次。

（2）在筹办奖品时，需要制定不同的等级。等级按每张奖票的价格划分，假设每张奖票的价格为 Q，则：

$$Q = F/F$$

上式中，W 为购买奖品的总金额，单位是元；F 为印刷奖票的总张数，单位是张。一般一等奖份数占 15－20%；二等奖占 30－35%；三等奖占 50% 左右。而三个奖品等级所花费的金额大致相等。

（3）在购买奖品时，应考虑到获奖者的年龄、职业、游园活动的时间和主题等因素，使奖品具有纪念性、实用性、群众性。

另外，制定奖票也可以直接分成等级。这就需要对各项目游艺规定获胜一次取得第几等奖。这也是一种组织办法。

（4）在游园活动进行过程中，应对各项目发奖的情况及时了解，调整由于项目难易不等、游玩者人数不等所带来的不平衡，克服发奖前后松紧不一的状况，使到会者专心活动，避免不必要的不平衡，减少对发奖处的压力。

游园活动的进行与结尾阶段

游园活动的进行阶段

在这个阶段，全体工作人员各就各位。整个游园会场像一台运转的机器一样开始动作。检票入场，维持好各游戏点的秩序、对奖、发奖……一切有序开展。

游园活动的结尾阶段

在这个阶段，也就是在游园会结束以后，工作人员要认真清场，拆除游戏器具，洒扫整理，收罗失物，查点物品用具。召集所有参加游园会的工作人员，开一个总结会，并广泛听取各方面（特别是游园职工群众）的意见，总结出成功的经验，找出不足之处，以便下次的游园活动开展得更加完美。

游园趣味表演项目推荐

秘密指令

【参赛人数】

6～12人，分成两队。

【比赛道具】

（1）野外。

（2）野营装备：地图、帐篷、锅灶、食物等。

【竞赛方法】

主持人发给各队一只信封，拿到后各自来到比较僻静的地方，打开研究，里面是一堆硬纸块，每块上面写一个字，要求拼出一句完整的句子，拼出了即可按指令执行。

指令举例：请跑步到竞赛处，领取一套野营装备，然后根据地图和路标，通过几个规定的障碍，来到营地，架起帐篷，支起锅灶，再根据营地提供的食物，做出一顿可口的饭菜来。最后扫干净，钻进帐篷睡觉。

漫游太空

【竞赛规则】

必须严格按指令行动。

【参赛人数】

24～36人，分成两队或三队。

【比赛道具】

户外草地。

【竞赛方法】

每队12人，面向圆心围成一圈坐下，双脚合拢伸向圆心。先推选一人站在圈中间，闭上眼睛，全身放松，幻想自己正处于太空失重状态中，以双脚为支点向任何方向倒下，正当他倒下时，周围的人应把失重的他推向另一方向，使他不倒在地上，能在圈中自由摆动，感到舒服并产生漫游太空的感觉。每人轮流尝试一次，熟练后，圆圈可加大，增强乐趣。

【竞赛规则】

圈中人倒地，竞赛中止。

信任背摔

【参赛人数】

10 人以上，分为两队。

【比赛道具】

（1）背摔台一个，约 150 厘米高。

（2）捆手布 2 ~ 3 条，约 60 厘米长。

（3）体操垫一块。

【竞赛方法】

小组队员为 15 人时，约需 70 分钟。

【项目布置】

（1）集合队员，介绍项目名称和活动要求。

（2）说明活动要求队员轮流站于高台上双手握于胸前，直立背向台下倒下，台下由全体队员保护其安全。

（3）挑选 10 ~ 12 名下方保护人员，摆成保护姿势。要求一对一地面对面排列，双臂向前平举，掌心向上，伸到对面队员胸前，形成人的手臂垫。说明：腿要成弓箭步，队员倒下去注意手臂用力，抬头看着倒下的队员。将倒下队员接住后，用"放腿抬肩法"将队员平稳放下。开始之前，主持人应先用身体下压队员手臂，让队员感受到重量并表现出足够的托力。

（4）说明上下口令呼应为：

①台上队员大声问下面："准备好了没有？"

②台下队员齐声回答："准备好了！"

③台上队员听到回应后，大声喊："一、二、三！"

④台上队员直挺身体向后倒下。

（5）主持人站在台上，用捆手布将队员的手捆住后，用手抓住捆手布，从捆上布条至喊完口号前主持人必须用手握住布条，以防队员突然倒下。主持人站在队员身侧，提醒下面队员注意后，可以开始让所有队员顺序完成该项目。

【竞赛规则】

（1）要求全体队员摘去手表、胸针、发卡、眼镜、呼机等可能造成伤害的物品。

（2）第一位背摔者可由队员自报，但要确定一位体重较轻的人进行第一次背摔，体重大的人应放在中间做，并可适当增加保护人数。

（3）有心脏病、脑血管病、高血压及严重腰伤者不能参加。

（4）背摔台的四脚应稳固结实。

（5）要注意台面木板是否结实。

（6）防止台上队员倒下时将主持人同时拉下。

（7）主持人在台上后移时注意防止摔下。

（8）主持人要检查背摔者身上是否有硬物等危险物品。

（9）未经上下口令呼应时不得操作。

（10）下方保护队员接住上方队员后不得将其抛起。

（11）禁止将接住的队员顺势平放在地上。

飞 镖

【参赛人数】

人数不限。

【比赛道具】

飞镖。

【竞赛方法】

要根据镖体上的厚薄方向投掷：如果左厚右薄，应以顺时针方向抛出；若右厚左薄，则应逆时针方向抛出。握飞镖方法为：手抓住飞镖的翼端，镖体放平，不要倾斜。投飞镖时，应利用手臂甩动后带动手腕投出，肩、肘、腕部均要放松。

飞镖投出后，会飞出圆弧形的轨迹。如果用力得当，可以飞回投掷处，投镖者可以用手接住。飞镖可以单人玩，也可以多人玩。多人玩法有二种：一种是投镖人不接镖，接镖人不投镖；另一种是先在飞镖上涂上各种颜色，投出自己的镖后，去接别人投出的镖，别人也投出他们的镖，让规定好的其他人接。

【竞赛规则】

飞镖比赛项目可分单人赛和团体赛两种。

单人赛得分指标有两种：

（1）飞镖出手后在空中的运动时间长短。时间越长，得的分值越高。

（2）飞镖能否准确无误地回到投镖者手中。以能收回者为胜。

团体赛可以这样进行：每组规定若干人员参赛，每个参赛者编上颜色，这表示他该接这种颜色的飞镖。接对的加正分，接不到的为零分，接错颜色的加负分。比赛按组轮流进行。一组比赛下来，裁判员统计得分，并记录在案。然后其他组开始比赛。比赛结束后，按各组成绩列出名次。

飞 碟

【参赛人数】

人数不限。

【比赛道具】

飞碟。

【竞赛方法】

为使飞碟飞得远、飞得稳，必须把碟口朝下，水平放置，用大拇指抵住碟底，其他四指托住碟口内壁，身体扭转成一定角度，利用腰部、手臂和手腕的力量，将飞碟抛出。

为稳当地接住飞碟，应看清飞碟飞来的位置，手臂伸上去抓住飞碟的边缘，抓住后手臂仍应顺势收回。接飞碟的时间要掌握好，不能太早或太晚。

飞碟一般可以双人玩和多人玩。

双人玩法有两种：

（1）两人合用 1 只飞碟，各自隔开一定距离，甲投乙接，再乙投甲接。

（2）甲乙两人各自手持 1 只飞碟，同时投向对方，让对方接住，同时也要接住对方投来的飞碟。

多人玩法也有两种：

（1）合用 1 只飞碟。游玩者散开，在一定范围内，当飞碟接近其中一个人时，这个人就必须接住它。

（2）当投碟人投出时，喊出一个人的名字，这个人就要根据飞碟飞行的方向，疾跑到预计到达的地方去接飞碟，再接着抛给其他人。

【竞赛规则】

飞碟比赛可分双人赛和团体赛。以在规定的时间内接住飞碟的多少排名次。

魔 靶

【参赛人数】

人数不限。

【比赛道具】

准备好枪和子弹、掷镖、魔球和靶板。

【竞赛方法】

魔靶是一种投掷性质的竞赛，其动作要领与投镖等相似。

【竞赛规则】

（1）计分法：让参赛者站在离靶板若干米以外的规定地点，给相同数量的子弹、投镖或魔球，让他们轮番射击、投掷，记下每人的总分数，以累计总分最高者为胜。

（2）计时计分法：除了和计分法基本相同外，另外增加一项规定时间。若超过规定时间没有用完子弹、镖、球的，均作弃权论处。

陀　螺

【参赛人数】

人数不限。

【比赛道具】

组织者准备好陀螺、细绳各若干。

【竞赛方法】

（1）旋转陀螺可以用手搓，也可以用细绳裹住甩。但不管用什么方法，动作都要敏捷、平稳、有力。

（2）抽打陀螺时，应该让细绳的前端抽打在陀螺的中间偏上一点。若抽得不准，反而会破坏陀螺原先的转动。

【竞赛规则】

（1）计时法。让参赛者各自手持陀螺1只、细绳1根。裁判宣布开始后，每位参赛者必须立即转动陀螺，并及时不断地抽打。如果超过2秒后，参赛者仍手持陀螺，应判为输。若发现陀螺已停止转动的，也应判为失败。让陀螺转动的时间越长者，成绩越佳。

（2）移动位置法。组织者在比赛场地上事先用白粉画2个大圆圈，直径为2米左右，圆圈间隔4至5米。比赛开始时，参赛者均站在一个圆圈里。当裁判下令比赛开始，参赛者开始抽打陀螺。陀螺必须在保持不停地转动的同时，还要往另一个圈移动。等陀螺进入另一个圈后，再返回原来的圆圈。以规定时间内往返次数最多者获胜。

归队球

【参赛人数】

20～30人，分成两队。

【比赛道具】

准备大皮球若干个。

【竞赛方法】

用大皮球投掷圈内的人，被掷中者退出圆圈；退出者在圈外阻止圈外的人投掷，并设法夺取其球，以求得归队的机会。

圈内的人如能用头顶着圈外人投来的空中球或地上的反弹球，可以叫一个已出圈的人归队；每顶一次，归队一人；多顶多归，一直到球落地为止。

如果球停在圆圈内，裁判员则宣布"死球"，由圈内的人用脚拨给圈外人。

圈外的人只要不踏及圆周，可以接取或钩打圈内的球。

【竞赛规则】

此竞赛十分钟为一局，然后两队互换角色继续进行。

每局结束要计算成绩。没有归队的人数，每人以失一分计，失分多的一队为败。

每次比赛进行四局或两局都可以。

夺球之战

【参赛人数】

20 人，分为 4 组。

【比赛道具】

在场地上画一条起点线，让竞赛者排成一列横队站在线后，从排头开始 1~4 报数，并按报数先后分为四组依次排列。在起点线前画一个 1 米左右的小圆圈，选出一个引导人手持一个小足球站在圆内。

【竞赛方法】

由引导人将球踢向前方，这时随意叫一个号数，如叫"3"号，则 4 个组的 3 号人员全力以赴跑去追球。

【竞赛规则】

在追球时，竞赛者不准用手推拉人，要用脚带球把球带回，如把球踢向起点线则视为无效。谁把球带回起点线，谁就为该组争得 1 分。

最终以得分多的组为胜。

地滚球接力赛

【参赛人数】

9~20 人，分成 3~4 组。

【比赛道具】

选择一个排球场或根据人数的多少画一个长方形的场地，端线设有 3～4 个区域，底线放上 3～4 个实心球。把竞赛者分成人数相等的 3～4 组，各组以纵队站立在端线后，每组的排首两手各持一球（排球或篮球）。

【竞赛方法】

各组队员用双手各滚一个球前进，从端线滚到接近底线处绕过实心球后返回端线，交下一个队员后站立至排尾。接球的队员以同样的方法滚球。

【竞赛规则】

滚球者在没有返回端线时，第二人不能跑出端线迎球。竞赛者运球的双手不得离开球，必须摸着球边滚动前进，直到各队队员全部做完为止。

以先完成的一队为胜。

水中抢球

【参赛人数】

10～16 人，分成两队。

【比赛道具】

找一处水深适宜处，或游泳池做赛场。

【竞赛方法】

将参赛者分成两队，队员间实力要均等，会游泳。准备球一只。

裁判员把一个球抛在两队之间。双方队员努力抢球，抢到球的一队（得一分）就把球在自己人中间互相投递，另一队的人设法去抢球，抢到了球也得一分。

【竞赛规则】

（1）不许从别人手中抢球。

（2）不能令别人没入水中或拉住对方身体的任何一部分不放。

障碍赛跑

【参赛人数】

参赛人数不限，也可分两队来进行竞赛。

【比赛道具】

下列各种动作都可以作为障碍物：跳远几次；用高跷走路；端一杯水跑；穿过圆环或绳圈；在椅背上缚几个结；地上放十块小木板，一定要踏在这些小木板上跑过去；在一块小木板上放一个小皮球，要托着这个小皮球跑；一边跳绳一边跑等。

在起跑处画一条起跑线，终点处绷一根终点带或画一条终点线。

【竞赛方法】

起跑信号一响，个人立刻向前跑去。按照规定完成各项任务，再跑到终点，看谁跑得最快。

【竞赛规则】

（1）发了起跑信号才能跑出起跑线。

（2）不可缩短跑程。

（3）个人一定要按照所规定的条件和任务进行，违反规定者每次罚一分。

踢踢跳跳过障碍

【参赛人数】

8～16人，分成两队。

【比赛道具】

在地上画两条线，作为起点和终点（相距约十五步）。将竞赛者分成甲、乙两队，分别站在起点线后。在终点线上各插一面小旗（或小树枝）。在起点线和终点线中各放一个键子、一根单人跳绳。事先规定跳绳、踢毽子数目。在起点与终点甲、乙两线的相交点放一根长绳，由竞赛者两人在此挥动。

【竞赛方法】

竞赛开始时，两队竞赛者中的第一人从起点线出发，先跳绳，后踢毽子，然后绕过小旗回到交叉点处跳长绳，最后回到起点线。竞赛过程中，如一次完成所规定的跳绳数和踢毽子数时，可以接下去连续进行，直到符合规定为止。

【竞赛规则】

各队的竞赛者须等本队的前一人回到终点后方可出发。哪队先完成哪队获胜。

抢地盘

【参赛人数】

参赛人数不限，分成两队，一队为攻队，一队为守队。

【比赛道具】

守队队员散布在山头，攻队队员在山下。准备小旗一面。

【竞赛方法】

竞赛开始时，攻队队长先安排好计划，分配战斗任务，并叫一名队员带一面小旗，设法插上山头的最高点。进攻令一发出，全队队员按计划执行任务。这时守队队员设法追拍攻队队员，凡被拍中即为俘虏。小旗若被守队夺取，守队就取胜。如果攻队成功地插上小旗，则攻队为胜。两队互换角色，竞赛重新开始。

【竞赛规则】

攻队须在半小时内插上小旗，否则算输。

打野战

【参赛人数】

参加竞赛者约50人，分成两队，选一人担任裁判员。

【比赛道具】

每个队员发一张小纸条，按各队分工，分别写上自己的职务，即总司令1人，军长1人，师长2人，旅长2人，团长3人，营长3人，连长2人，排长3人，工兵2人，炸弹3人，地雷2人。每队各备一面大旗。

【竞赛方法】

两队各自布阵，选好大本营，把军旗插或挂在大本营适当的地方（以一人能拿到为宜）。然后把本队人员进行合理分工，如有的保护军旗，有的进攻。双方各派一个代表通知裁判员，并一起到双方阵地视察地形、检查军旗。裁判员则站在适中而容易瞧见的地方。

裁判员宣布野战开始。双方队员立即进行攻守活动。双方队员相遇时，可以追拍或躲避，双方一有接触，就一起到裁判员处，各自把自己的职务条交给裁判员。裁判员根据陆战棋规则作出判断：或取消战斗资格，或判归队继续参加战斗。在战斗时双方可以采取多样化的战术，如：伪装追逐，两人合击对方，躲、逃、逗等，设法消灭对方的力量。直到一方把对方的军旗拿到，护送到裁判员处，经裁判员检查该人确系有战斗力时（检查职务条），立即宣布某队获胜。

裁判员站的地点，必须使两队队员都知道。如果人数多，可增加连、排长以下职务的人数。

【竞赛规则】

（1）地雷不能主动拍人，但可以做追捕的假动作。

（2）被拍后双方一同到裁判员处，双方非当事人不能一起跟去。

（3）职务大小顺序为：总司令、军、师、旅、团、营。连、排、工兵、炸弹、地雷。地雷除遇工兵外，遇任何人均同归于尽。

（4）裁判员在执行工作中，必须为双方队员保密。

正方救三角

【参赛人数】

20 人，分为两队。

【比赛道具】

准备一个小布袋，里面松松地塞一些木屑或黄沙。

在场地的一角，画一个大三角形，场中央画一个正方形，沿场界画几个小圆圈，数量不得超过总人数的四分之一。

先选两人站在三角形里，一人做带头人，一人做其助手。两人手臂上各佩一个不同颜色的臂章。其余的人站在场上或圆圈里，小沙袋放在正方形里。

【竞赛方法】

哨声响后，竞赛者从一个圆圈跑到另一圆圈。带头人则走出三角形去捉人（或拍人），被捉到者到三角形里做俘虏。营救俘虏的方法是：任何人拾起小沙袋，抛给俘虏。俘虏接到后，把它交给带头人，就可恢复自由。小沙袋仍放在正方形里。

带头人的助手可半途拦截抛给俘虏的小沙袋，可捉手里拿小沙袋的人。被捉的人把沙袋交给带头人后，就走到三角形里做俘虏。如果俘虏没有接住抛来的小沙袋，就由助手拾起交给带头人。带头人则把它放在身前的任何位置上。竞赛者必须灵活地用手或脚把沙袋拨给别人，且避免被捉。一人拿到拨来的小沙袋，其余的人就必须立即把他围起来（至少 3 个人）。围起来的人就和拿小沙袋的人一起走到正方形中去。这时，带头人是不能捉他们的。在正方形里，当拿小沙袋的人把小沙袋掷给俘虏时，个人即从四方形中四处逃散。

若三角形里的俘虏超过了全体人数的一半，那就算带头人和他的助手获胜，否则就算对方胜利。

【竞赛规则】

（1）角形里除俘虏外，不准站人。每个圆圈只许站一人。站在小圆圈的人是安全的。

（2）带头人可捉住任何人。助手只能提手里拿着沙袋的人。

（3）拿走带头人身前的小沙袋的人，如果没有同伴把他围起来，或者围的人没有手牵手，那么，带头人还是可以捉他的。

走出黑暗

【参赛人数】

12～18 人。

【比赛道具】

口罩、眼罩等。

【竞赛方法】

主持人请小队12人全部戴上口罩，坐下，讲走出黑暗的故事。讲罢，请出一人，来到偏静处，让他脱掉眼罩，交给他一张路线图，请他担任向导。路线图可以是厂区，也可以是公园或野外营地。全长为一公里，要经过许多障碍，甚至还得登楼，进地下室，寻找宝藏。

【竞赛规则】

要求除向导外，别人都不准说话，不得偷看，大家手拉手成一队，在向导的引领下，尽快完成任务。

熟悉姓名

【参赛人数】

8～12人。

【比赛道具】

任意一种小球。

【竞赛方法】

各小队成一个松散的圆阵，做下列活动：

（1）用一只小球从排头开始，依次按逆时针方向传递，一边传一边大声地报出自己的姓名，直至传完一周。

（2）当你接到球后，必须喊出任意一个队员的姓名，然后把球扔给他。

（3）熟练后，用2个、3个球来做第二个练习。

（4）结束之前，请一名队员来到圆心，依次报出各位队员的姓名。

【竞赛规则】

报不出两个以上姓名者为输。

中西礼仪

【参赛人数】

6～10人。

【比赛道具】

西式礼帽等。

【竞赛方法】

各队出一名选手来到台前成一列横队站好。主持人先讲解并示范中西方男女的礼仪：中男拱手为礼；女双手放于左腰上，行屈膝礼。西男摘帽，稍弯身；女两手拉裙屈膝。机敏测验开始，主持人走到任何一人面前，说声："您好！"并向他行礼，若行的是中国男子之礼，对方便要行西方女子之礼来答礼。若行中国女子之礼，则答西方男子之礼，反之亦然。

【竞赛规则】

答礼人慌乱中做错，便退下场，最后剩下的，名次列前。

姚明投篮

【参赛人数】

6~10人，分为两队。各队出一名选手，从场上任挑一位队员，合作完成这项任务。

【比赛道具】

篮球场、篮球、篮球衫、面具等。

【竞赛方法】

（1）准备：让队员骑坐在选手的双肩上，套穿上一件特大特长的篮球衫，戴上姚明的面具（两眼挖空，能看见的），选手用双手扶住队员的大腿，穿套上特大球衫后他也能透过球衫的小窗口看到前方。

（2）练习：给一分钟运球、投篮的练习机会。

（3）比赛：从起点出发，运球三步上篮，投进篮即可得分。

【竞赛规则】

两人必须配合默契，上下运球前进，如同一人，不能掉下，否则为失误。

投篮进筐

【参赛人数】

8~16人，分为两队。

【比赛道具】

在地上画一条投掷线，其5米外布置一只罗筐，准备一只布口袋，内装30只网球或乒乓球，蒙目套一个。

【竞赛方法】

甲蒙目站在线后，背对罗筐，在乙的语言提示下，不断调控出手的轻重、远近和左右，进行投球，直到投进三球为止，换下一人进行。等到每个人都体验过后，讨论一下体会。

【竞赛规则】

各队以进球的多少论输赢。

请朋友

【参赛人数】

10～20 人。

【比赛道具】

大家围圈坐在椅子上，另加一只空椅子，主持人播放轻音乐。

【竞赛方法】

竞赛开始，空位两旁的人要拉着手跑到对面去邀一个人，请他坐上空位置。于是，又出现了一个空位，旁边两人又得继续拉手去邀请。

【竞赛规则】

如此进行下去，过上一阵后，音乐中断，空位旁的两人或来不及回座位的三人，则要表演一个小节目。

托排球

【参赛人数】

6～12 人，分成两队。

【比赛道具】

一个小队一只排球。

【竞赛方法】

各队围成一个松散的圆阵，发给一只排球，发令后，开始托垫球，一边托垫一边大声喊出次数来。

【竞赛规则】

如果失误了，必须立即拾起再从头数起，在规定的 2 分钟时间内，托垫得多的队名次列前。

拉圈传棒

【参赛人数】

10～20 人，分成两队。

【比赛道具】

接力棒。

【竞赛方法】

背对圆心，手拉手成一圆圈。主持人发给排头一根接力棒，夹在下巴颏和脖颈之间，发令后，依次按逆时针方向传递，不得松手。

【竞赛规则】

不慎掉棒必须趴倒在地，重新用规定的部位夹起，继续朝下传递，先完成三圈的队名次列前。

挤占轮胎

【参赛人数】

10～20人，分成两队。

【比赛道具】

充气轮胎。

【竞赛方法】

各队发一个充满气的轮胎，开始前可讨论3分钟并尝试，正式开始时主持人发令，各小队迅速挤踩在轮胎上面，要求身体的任何部位都不得着地，看哪个队最快做到，并能坚持2分钟。人数不易太少，轮胎上挤满人为宜。

【竞赛规则】

有1人未上即为输。

架桥过河

【参赛人数】

30～50人，分为两队。

【比赛道具】

在地上画两条相距为15米的平行线，代表"小河"。发给各小队13只椅子。

【竞赛方法】

在起点线后排成一路纵队，人都站在椅子上。发令后，各队齐心合力把后面一只空余的椅子传到起点线前，12人依次向前移，再把后面空出来的椅子传到前面。如此连续挪椅移位前进。

【竞赛规则】

人自始至终不能离开椅子，椅子之间不得有空隙，否则判为失足掉进河里，酌情扣分，安全到达彼岸的队即可得分。

龙的传人

【参赛人数】

20～40人。

【比赛道具】

郊外草地。

【竞赛方法】

二个小队排成二路纵队，从队尾开始，一人仰面挺直身体倒下，纵队的人蹲下用双手将其托起，接着朝前移动，直至排头慢慢落下。大家依次都体验二次当龙和当珠被传递搬运的滋味。然后畅谈体会。

【竞赛规则】

先完成者为赢。

夜　战

【参赛人数】

6～12 人，分为两组。

【比赛道具】

蒙目罩、充气塑料大棒等。

【竞赛方法】

竞赛每次二人，戴上蒙目罩，手持充气塑料大棒，原地转三圈，然后在其同伴的引领下，寻到目标，用充气塑料大棒打击对方，每人有五次出击的机会，如果机会用尽那只能躲闪了，击中对方次数多的为胜。

【竞赛规则】

出击机会用尽，不可再出击，否则判输。

陆地翼伞

【参赛人数】

6～12 人，分成两队。

【比赛道具】

发给小队 3 根中粗竹竿，其中两根长 4 米，另一根长 2 米，3 根 1 米长的绳子和 8 根 6 米长的绳子，要求用 3 绳 3 竿扎成一个 A 形的三角架，再将 8 根长绳的一头系在 A 头上。

【竞赛方法】

将架子竖起，站上一人（双脚踏短横竿，双手扶长竿）由其他队员拉住长绳另一头，移动架子前移通过 1 个 10 米长 2 米宽的通道。

【竞赛规则】

途中不得倒架，其他队员不得碰架，不得进入通道。要求每人都体验过被移动的角色。

蒙目抛小球

【参赛人数】

6～12人，分成两队。

【比赛道具】

蒙目罩、口袋、小球、水桶等。

【竞赛方法】

竞赛者戴上蒙目罩，手持一个口袋，内有小球24只，站在投掷线上背对水桶，在同伴的语言指引下，努力将小球投进水桶。

【竞赛规则】

投进多者为胜。

摘椰子

【参赛人数】

9～18人，分为两队。

【比赛道具】

准备一根中粗而又结实的毛竹竿，其长4～5米。在其竿顶粘挂一束五彩缤纷的气球。

【竞赛方法】

活动开始，要求小队的全体成员先把毛竹竿垂直扶起，然后让每一个人依次爬上去取下一只气球。若有困难，同伴们可以在确保不倒竿的情况下，给予帮助和支持。如让他踩肩，替他托臀等。

【竞赛规则】

竹竿倒者为输。

默契握手

【参赛人数】

8～12人。

【比赛道具】

蒙目罩。

【竞赛方法】

每次二人上场，戴好蒙目罩，二人面对面，相距约1米，相互伸胳膊摸到对方的手，然后收回。接着一二三原地转3圈，面对自认为同伴应该站立的位置，伸手握之。重新选择同伴，再做一次。体验一下第六感觉的存在。

【竞赛规则】

不得私自摘下蒙目罩，不得用语言示意对方。

叫号跑

【参赛人数】

20~40人，将各小队排成四列体操横队，四人为一队，按前后次序1~4编号。

【比赛道具】

操场或比较大的室内场所。

【竞赛方法】

竞赛开始，主持人发令如喊"3号！"则各队的3号，绕本队跑一圈，看谁最快完成为胜。

【竞赛规则】

（1）用简单的心算题发令，如："5—2！"即为3号跑圈。

（2）先规定所做动作要求，再发令："侧身跑，4号！"也可用单足跳、双足跳、倒着跑、矮子跑等。

（3）明确被叫到号的人，向前加速跑，跑至对面拍一下墙壁再返回，看谁反应快。也可规定用高抬腿跑、跨步跑、途中转身三周跑，还可令"号背号跑"、"某号与某号合作'推小车'前进5米"等。大约活动15分钟，心率达到160次/分后，就告一段落。

发挥想象力

【参赛人数】

8~10人。

【比赛道具】

用硬纸板准备一些圆形、三角形、长条、四方形的图形。

【竞赛方法】

邀请若干队员上场，主持人给一人一个圆和一个长条图形，请他在规定的一分钟内，利用自己丰富的想象力进行发散性思维，尽可能多地说出这两个图形可组合成哪些东西。例如圆和长条成垂直就是一把伞，也可把它看做是一副大饼油条、笔记本和钢笔，还可以组合成篮球架、镜架、苍蝇拍……

【竞赛规则】

以组合巧妙、合理、形象、丰富多彩、让人觉得言之有理名次列前。

同心协力

【参赛人数】

20人，分成两组。

【比赛道具】

排球20个。

【竞赛方法】

小队个人双膝夹住一只排球站成纵队，后一人搭在前一人的肩上，排头双手叉腰。发令后，同心协力从起点跳跃前进并喊口令："一，二！一，二！……"至15米处的折返线后全体向后转，左手搭住前一人的右肩，排头左手叉腰，右手持球，大家一起喊有节奏的口令运球返回。

【竞赛规则】

中途不能失球或散架，如果失误了必须重做，直至成功。

竞赛舞

【参赛人数】

6~18人，每6人为一组。

【比赛道具】

音乐播放器。

【竞赛方法】

每三人手拉手成一个大圆圈，然后每甲、乙、丙三人站在圆周线上，围成一个小圆圈。音乐一响，第一、二个八拍：大家拍手，各小圈的甲用跑跳步，绕二周后回到原位。第三个八拍：甲、乙、丙胸前击掌两下，侧平举，与左右的人击掌两下，同时左脚侧开跷一下地。第四个八拍：甲、乙、丙胸前击掌两下，半体前屈半蹲，双手拍自己的臀部两下。第五个八拍：甲、乙、丙手拉手，逆时针方向跑跳步一周。第六个八拍：边唱"嘿！嘿！嘿！"边用单足跺地三下，然后用手心手背法猜拳。如果三人全都一样，则仍由甲开始领跳。

【竞赛规则】

如果有一人与其他两人不同，则由他担任下一轮的领跳者。之后，音乐重复，第一、二个八拍，领跳者必须绕本圈一周后，跑到下一个小圈，下面动作同前。

乘公共汽车

【参赛人数】

8～10 人。

【比赛道具】

椅子、瓜皮帽、纸棒。

【竞赛方法】

各队派一名选手来到台前，各坐在一把椅子上。主持人有表情地朗读一则小故事，要求参赛选手头戴一顶瓜皮帽扮演“小明”，听见“站”字坐下，听到“坐”站起来，谁做错就得挨一下站在其后面队员的纸棒，最后做错的次数最少者，还要回答几个文明礼貌的小问题，答得好的为优胜。

……有一次，小明和妹妹乘公共汽车。上车后，小明发现一个空座位，他丢下妹妹赶紧跑过去坐下。这时，过来一位老奶奶，她扶着拉手，站在小明身边。妹妹对小明说：“哥哥，你看你，你坐着奶奶站着，多不好啊！你赶快站起来，让奶奶坐吧！”小明挨了批评，心里很不高兴，赌气说：“你让我站着，我就偏不站，我要坐嘛！”老奶奶听了笑笑说：“没关系，你坐吧，我不坐。”妹妹站在小明身旁气得噘起了小嘴，说：“你真不懂礼貌，我再也不愿站在你旁边了！”这时，汽车到站了，那位老奶奶下了车。望着老奶奶远去的身影，小明的心里很不是滋味，他觉得自己是错了，情不自禁地站起来，悄悄地离开了那个座位，嘴里自言自语地说：“哎，怎么搞的，坐和站，站和坐，坐坐站站，站站坐坐，坐站坐站，站坐站坐，坐站站坐，站坐坐站，到底是站还是坐，今天我怎么糊涂了！”

【竞赛规则】

做错达三次者为输，轮到下一个做。

请尝山楂片

【参赛人数】

人数不限。

【比赛道具】

山楂片。

【竞赛方法】

主持人请队员们放松站立，双手在背后钩搭住，各自把头仰抬起来，依次在他们的额头上放一片山楂，要求他们巧妙地改变头的位置，使山楂片移动，落进自己的嘴里，吃掉。一旦成功马上可以说："我成功了!"主持人便可马上再给他在额头上放一片。在规定的时间内，吃到山楂片多的受到赞扬。

【竞赛规则】

若将山楂片落地，不得拾起，但可另外再给一片。

倒跑比赛

【参赛人数】

人数不限。

【比赛道具】

接力棒。

【竞赛方法】

（取4组第一名）每团体出4组一组4人男女混合（1男3女，第一棒男队员）每人50米，要求拿上接力棒，传给下一个运动员。

【竞赛规则】

不准侧身跑。

串珍珠

【参赛人数】

8～10人。

【比赛道具】

珍珠（算盘珠若干），细铁丝（30厘米）、筷子。

【竞赛方法】

比赛采用接力形式进行，每队第一人听到发令后，跑向终点处用筷子夹起珍珠串到细铁丝上跑回，第二个继续，最先串完珍珠的队为胜。

【竞赛规则】

中途不准掉珠，否则视为犯规。

海豚戏珠

【参赛人数】

男女各5人。

【比赛道具】

呼啦圈、大网兜、排球、筐。

【竞赛方法】

参赛队员成一路纵队站在起跑线后，比赛开始，第一人手拿排球向前跑出，钻过两个呼啦圈到达终点将球投进筐内，然后再拿一球跑回起点交给第二人，依次进行，以先完成的队为胜。

【竞赛规则】

胜者以筐内球数为准。

争分夺秒

【参赛人数】

8～16人。

【比赛道具】

水桶、水杯、水瓶、水。

【竞赛方法】

参赛队员一路纵队站在起跑线后，比赛开始后拿空水杯在水桶中盛满水后向前跑至折返点返回，途中将水杯中的水倒入空水瓶中，将水杯交给下一个人，依次进行。

【竞赛规则】

比赛时间3分钟，比赛结束以各班水瓶中水的多少判定名次，水多的班为胜。

脚夹球跳接力赛

【参赛人数】

10～12人。

【比赛道具】

接力棒，软式排球。

【竞赛方法】

把一个队平均分成A组和B组，两组相对站立，相距15米站成一路纵队，A组的第一人手拿接力棒，两脚夹一软式排球准备。当听到信号后，以蛙跳方式跳向本队的B组的第一个人，同伴接棒后，采用同样方式跳向A组第二名队员，重复进行，以各队完成时间多少排定名次。

【竞赛规则】

在跳的过程中，球若掉落，须在原地夹好后再继续跳进，否则判为失败。

球类沙龙

【参赛人数】

10～12人。

【比赛道具】

足球、篮球、排球、网球、毽球、乒乓球、塑料筐。

【竞赛方法】

各队成一路纵队站在起跑线后，起跑线前每隔 5 米放置一个筐，筐内依次放置足球、篮球、排球、网球、毽球、乒乓球等器械。

【竞赛规则】

要求队员每经过一处要用颠、拍、垫、踢等方法击打各类器械 5 次。比赛采用接力形式进行，先完成的队为胜。

大猩猩赛跑

【参赛人数】

男女各 5 人。

【比赛道具】

软式排球。

【竞赛方法】

参赛队员成一路纵队，第一人用腹部夹紧软式排球做好准备，比赛开始，由第一人开始向前跑出，绕过标志物跑回，将软式排球交给第二人，依次进行，以先完成的队为胜。

【竞赛规则】

中途掉球者应重新夹紧球再比赛。

运沙包投篮

【参赛人数】

男女各 6 人。

【比赛道具】

沙包、纸篓。

【竞赛方法】

各队成一路纵队站在起跑线后，排头两脚夹一沙包准备。比赛开始，采用双脚跳跃的动作出发，跳到 15 米远处时双脚夹着沙包起跳，将沙包投入纸篓跑回，依次进行，先完成的队为胜。

【竞赛规则】

（1）只能用双脚投篮。

（2）每投进一球，总时间减掉二秒。

行路难

【参赛人数】

男女各 6 人。

【比赛道具】

体操棒。

【竞赛方法】

各队分成两组相距 15 米准备，排头将一体操棒放在两脚脚面上。比赛开始，用后脚跟着地向前行进，到对面将体操棒交给第一人，依次进行，每人跑一次，先跑完的队为胜。

【竞赛规则】

体操棒若中途掉下，须在原地拾起放好后再前进。

矮人跳绳接力

【参赛人数】

男女各 5 人。

【比赛道具】

短绳。

【竞赛方法】

参赛队员成一路纵队站在起跑线后，比赛开始，第一人手持短绳采用蹲姿向前跳出绕过标志物跑回，将短绳交给第二人，依次进行，以先跑完的队为胜。

【竞赛规则】

必须以跳绳的动作绕过标志物，否则视为犯规。

夹球跑接力

【参赛人数】

10 ~ 16 人。

【比赛道具】

塑料筐、乒乓球、筷子。

【竞赛方法】

参赛队员成一路纵队站在起跑线后，比赛开始，第一人跑向终点用筷子将一个乒乓球从筐内夹出并跑回起点放入筐内，将筷子交给第二人，依次进行，以先完成的队为胜。

【竞赛规则】

球掉地后须在原地将球夹起后再继续进行比赛。

足球射门

【参赛人数】

6～8 人。

【比赛道具】

小球门、可乐瓶。

【竞赛方法】

足球队员成一路纵队站在距球门 6 米远的限制线后。比赛开始，依次将球踢出，球进门前不碰倒人墙（10 个可乐瓶）和守门员（1 个可乐瓶）计 1 分，每人踢 3 球，最后累计全队进球总数的多少判定名次。

【竞赛规则】

球撞倒人墙或守门员不得分。

中华大地

【参赛人数】

男女各 5 人。

【比赛道具】

中国地图版块。

【竞赛方法】

队员在起跑线站好，比赛开始，各队迅速跑到地图前，通过互相协作将打乱的地图板块安放到中国地图上，组装完毕，快速跑回，以最后一人跑过起跑线为比赛结束，用时少的队为胜。

【竞赛规则】

一定要拼装正确，否则无效。

保龄球

【参赛人数】

8～10 人。

【比赛道具】

网球，乐百氏奶。

【竞赛方法】

每个人有 2 次机会掷球（10 米），从发球线开始滚动网球，砸中的乐百氏奶归个人所有，对于没有砸中乐百氏奶的人罚跑一圈。

【竞赛规则】

一定要在发球线开始滚动网球，否则视为犯规。

火车赛跑

【参赛人数】

男女各 8 人。

【比赛道具】

平坦场地。

【竞赛方法】

参赛队员成一路纵队蹲下，后面队员将双于放在前面队员的肩上。比赛开始，全队同步双脚跳向前，以排尾通过终点线为比赛结束。

【竞赛规则】

用时少的队为胜。

传球接力

【参赛人数】

男女各 10 人。

【比赛道具】

篮球。

【竞赛方法】

参赛队员成一路纵队，第一人手持排球准备。比赛开始，由第一人开始用头上胯下的方法向后传递，传至排尾，排尾抱球跑回。

【竞赛规则】

做完一轮先完成的队为胜。

青蛙跳接力

【参赛人数】

男女各 8 人。

【比赛道具】

标志物。

【竞赛方法】

两人一组侧对前进方向，背对背全蹲，两人手臂相挽准备。发令后，两人协同向前跳出，以迎面接力的方式进行，用时最少的队为胜。

【竞赛规则】

跳进中手臂不得分开。

木偶赛跑

【参赛人数】

10 人以上。

【比赛道具】

4 条 1.2 米长杆（带固定布条）。

【竞赛方法】

比赛采用迎面接力形式，每队分两组，相距 20 米，两人一对，两人前后站立，用器械将两人同侧手臂和脚连接。听到发令后，两人配合向对面同组方向进发，和对面一对同伴击掌后，同伴向起点方向的同组方进发，如此往复进行。

【竞赛规则】

哪队用时少为胜。

二人三足跑

【参赛人数】

10～20 人，分成若干组。

【比赛道具】

绳带。

【竞赛方法】

参赛者并排站在起跑线后，用绳子将二人的内侧腿捆好。比赛开始，二人向前跑出，以先到达终点者为胜。

【竞赛规则】

必须向前走跑，不得跳跃。

游园趣味游戏项目推荐

套　圈

用硬纸板做成数个小动物，小动物纸板后面支一个小木棍，使小动物能在地上立起来。用藤条或柳条做成数个圆圈。

游戏开始，把小动物交错地立在场地上。在距场地 2 米左右的地方画一条白线，作为起点线。游戏者手拿 3 个圆圈，站在起点线外向小动物套去，每套住一个小动物，得奖 1 分。也可用各种实物代替小动物，套中什么奖什么。

钓　鱼

用硬纸板做成鱼状，嘴都安一小环。钓者在一定的距离外用钓钩将鱼钓起，多者为胜。也可根据钓鱼上钩的远近和难易程度给予一定的物质奖励。

钓　瓶

备空酒瓶数只，用木杆作鱼竿，用一寸长的小细棍当鱼钩。游戏者用钓竿将瓶钓起，多者为胜，给予一定的物质奖励。

吹蜡烛

将 3 支蜡烛固定在桌子上，排成一条直线，间隔 10 厘米。在距离桌子 2 米处画一条白线。游戏者用毛巾蒙住眼睛，然后向桌子走去，走到自己认为可以吹灭蜡烛的地方为止（不能碰桌子），用力向前吹去，一次吹灭 3 支蜡烛者得奖。

剪取奖品

在场地上挂起一根铁丝，铁丝上挂上钢（铅）笔、糖果、小动物等一类的小奖品。在距铁丝 4 - 5 米处画一条白线。游戏者手持剪刀站在白线上。主持人将游戏者的眼睛蒙上，然后让他就地转一圈。游戏者待站稳后，向前走去，走到铁丝前站下来剪奖品。被剪中的奖品归游戏者所有。

点爆竹

用较高的木板遮住游戏者的视线，木板的前面用沙土铺平，插上一些小爆竹。游戏者坐在木板后面的小凳上，手持钓鱼竿，"鱼线"底部系一根点燃的香。游戏者将鱼竿伸过木板去，用香点燃小爆竹。凡点燃 3 个以上爆竹者有奖。注意比赛时应根据情况规定点燃时间。

坐椅子

一处长 2 米、宽 2 米的正方形场地作为比赛场地。任选一角为起点，最后一个角则为终点。终点处放一把椅子。将游戏者的双眼用布蒙住，站在起点上。哨声一响，游戏者开始向前走 6 步，到第二个角时转弯再走 6 步，到第三个角时再转弯继续向前走 6 步，然后准确地坐在椅子上。坐到椅子上便得奖。注意：走向终点时不得碰到椅子，坐椅子时要慢，以防跌倒。

探险家

地上用粉笔画许多脚印，每个脚印画得要比鞋大一些，脚印间的距离不等，有的很远，有的却很近。脚印要画得很别扭，使人不能前进。参加游戏的"探险家"身背背包，戴上遮阳镜，一脚一脚按照脚印向前走去。走完 10 个以上脚印者得奖。凡有失去平衡而跌倒或踏在脚印外的均以失败论。

青蛙跳水

用 3 只饭碗，"品"字形放在地上，饭碗里盛满水。每个参加游艺的人领 5 只乒乓球代表青蛙。在距离水碗 5 尺外的地方，将乒乓球一只只地投到饭碗里去。规定若有 3 只"青蛙"跳入水里去的，可获一等奖；两只"青蛙跳入水里的，可获二等奖。

争先看字

比赛时，两人为一组。主持人将写了一字的方形纸（纸和字要大些）贴在两人的背上。游戏开始前，背上的字绝不许让对方看见。游戏进行时，每人将手背在后面，相互斗智，看谁能看见对方背上贴的字，先看到、而且讲对什么字的，为胜利者。这个游戏也可以数组同时进行。

抢占山头

画一正方形场地，四角各画一个圈。参加游戏者为 5 人，四角每个圈内站一人，场中间站一人。游戏时，指挥员发令"开始"，四角圈内人立即向邻近角跑去"占领山头"，即 4 人互换；中间一人则乘机抢占四角任一"山头"。未抢到的一人，站到场中。游戏继续进行。

攻守战

在地上画一个直径 2 米的圆圈，圈内分散放 3 - 4 个石子（石子不能太小；放置位置以圈外人伸手能拿到为限）。游戏者 3 人：圈内 1 人为守卫者；圈外 2 人为进攻者。主持人一声令下，进攻者可从各个方向去拿圈内的小石子；守卫者则不准进攻者拿，以手拍打进攻者，被拍中者即被取消进攻资格。如小石子全被进攻者取走，守卫者便以失败论。游戏时，注意守卫者和进攻者都不准越线出圈拍人或进圈取石子。

老虎与老鹰

在地面上画一道中线，离中线两面各 50 米远的地方再各画一条线，线后面就作为"老虎"与"老鹰"的"家"。将游戏者分成人数相等的两队，确定哪队是"虎"、哪队是"鹰"。各队离中线一步排成横队，背对背站在线的两边，面向自己的"家"。主持人站在中线附近喊"老虎"或"老鹰"。每次喊时，两字之间稍停顿一下。喊到"老虎"时，"老鹰"队要立即向自己的"家"飞去，"老虎"队则要立即转身去追捕"老鹰"（被追捕的人被手拍着就算抓住）。尔后，由主持人统计被捕人数。接着，两队再站到原来的地方。如此进行 3 - 5 次，双方追捕的次数要相等。最后进行评比，哪个队在这一段比赛中抓的人次多，就算哪队得胜。

瞎子打锣

用铜锣一面，挂在离地 1.5 米的空中。游戏者手拿锣槌，站在离锣 5 - 6 米远的地方，被蒙上眼睛，由管理员领他就地旋转两圈，再让他面对铜锣，叫他向目标走去。前进过程中别人不得为他提示方向。游戏者到达目标后不准用手摸锣，以一次能敲响铜锣者就算优胜。或可事先在铜锣中心用粉笔涂出一个比五分硬币略大的圆块，游戏者击中圆块可得大奖。

贴鼻子

架子上画着人或动物像，鼻子部位则仅画虚线。游戏者的眼睛被蒙上，手持"鼻子"纸片，在规定的地点走至画前，再在原地转几圈。以首次贴中鼻子者为胜。

推气球

在地上画长3尺、宽2尺的界线，将这界线分成1尺长的三格，规定最近一格的数字是1分、中间一格是3分、最远一格是6分。每人拿3个气球，站在距离界线4尺的地方，用推铅球的姿势将它推到格子里去。获2－5分的得三等奖，6－9分的得二等奖，10－14分的得头等奖，15分以上的得特等奖。

击球入杯

在桌子上放3只玻璃杯，并拢在一起，与游戏者成一直行。在距桌子1米处画一条横线，游戏者站在横线后面1米处。预备5个乒乓球、一块球拍。游戏时，每次一人参加。游戏者右手拿拍，左手持球。左手抛起一个球来，右手像平常打乒乓球那样拿拍，将球向桌上的杯子拍去。5个球能先后拍3个进玻璃杯，便得奖。

这个游戏也可几个人一块来比赛，每个人可拍1－3（每次5个球），拍进一个球得3分。如果球是在桌上跳一下，再跳进玻璃杯的，得2分。最后以总分多少排定名次。

竞　走

此游戏有多种玩法：

（1）竞赛者站在起点线上，两脚并拢，脚踝骨夹着一张折起来的报纸。哨声一响，向终点跳去，然后再转回来。跳得快而报纸没掉者为胜。

（2）每人头上顶一个苹果，或在鼻尖上放一块糖，从起点到终点，再转回来。走得快而苹果或糖没掉者为胜。

（3）两人组成一对，面对面，侧身用右手把对方伸出来的脚紧紧握住。竞赛开始，每对竞赛者都用独脚侧身向对面跳去，再跳回原处。跳得快而没撒手或没摔倒的一对为胜。

越过障碍

桌子一张，乒乓球一只，铁丝圈一个（大小与乒乓球相同）。铁丝圈放在桌子的一端，用绳子系住，绳的另一端拖在桌子的另一端，乒乓球就放在铁丝圈上面；桌上放一些障碍物（在绳子下面），如扳手、螺丝刀、木条等。游戏者站在桌子上有绳头的一端，用一只手握住绳头，慢慢地将乒乓球拉过来。能通过障碍而不使球落下即算获胜。

夹球赛跑

准备两只球（篮、排球均可）。在场地的两端各画一条线，作为起点和终点，中间相距8米许。游戏者两人，背对背将球夹在背中间。比赛开始后，夹球者从起点向终点横着跑去，球不可掉落。到了终点线后，两人面对面而立，用胸部合作将球夹住，跑回起点。以速度快的一对获奖。

瞎子投篮

在地上画3个同心圆，直径分别为1尺、2尺、3尺。圆圈分3个数字10、5、3：圆圈越小、数字越大。游戏者站在最小的圆圈内，手拿一只球，蒙上眼睛，向任何方向走8步；接着向后转，仍旧走8步，再把小皮球放在地上，得分按圆圈内标的数字计算。如果来回方向离得太远，把皮球放在最大圈外，那么要给他扣去5分。先达到规定分数（如50分），或者在一定时间（如3分钟）内得分最多的人，便为优胜者。

扎尾巴

在一张硬纸板上画一只松鼠，尾巴高高地翘起。再将松鼠挂在墙上，高度在1.5米左右。游戏者站在距画面3米远的地方，手拿大头针，对准松鼠尾巴瞄好，然后用毛巾蒙住眼睛，照着自己瞄好的地方走去，用大头针去扎松鼠的尾巴。扎中者获奖品一份。

飞环套棒

在场地中央立一木棒（或竹竿），在离木棒3米处画一横线。游戏者手持6米长的细绳，绳端系上直径3厘米的铁环。游戏开始，游戏者手拉细绳将铁环向木棒套去，连套5次。套中得越多，奖级也就越高。

跳　烛

在长 10 米的一条直线上点燃 10 支蜡烛，烛间相距 1 米。游戏者在这段距离内双脚并跳前进。在两分钟内跳完而蜡烛不灭者得奖。

球击猫头鹰

画一只大大的猫头鹰，粘贴在三合板上，猫头鹰的眼睛要一只睁、一只闭。工作人员将睁着的一只眼睛用剪刀挖空。准备若干个乒乓球。在距猫头鹰 2 米处画一条白线作起点线。游戏开始，游戏者站在白线后面，手拿 5 个乒乓球投向猫头鹰睁着（即被挖空了）的眼睛。投中球越多，奖级越高。

盲人踢球

在场地上放置一个足球，在距足球数米处画一横线。游戏者背对足球站在横线上用手巾把眼睛蒙上。游戏开始，游戏者向后转前进踢球。踢中者得奖，踢出 20 米以外者得大奖。

气球投篮

准备数只气球、数只纸篓。将纸篓放在凳子上，在距凳子 2 米处划一条白线，作为起点线。游戏开始，游戏者站在起点线外，向纸篓中投气球，每人投三只。三只全部投中者得奖。

巧吹乒乓球

在一张桌子上放两个小碗，两碗相距 30 厘米，其中一个碗中放入一个乒乓球。游戏者站在离碗 50 厘米处吹球，使其落入另一碗中。吹入者得奖。

鱼钓鱼

用小木棍或小块木板做成 12 条鱼，分别编上 1、2、3、4 这四个号码，每个号码有 3 条鱼，各涂一种颜色。在 1 号和 2 号木鱼的嘴和尾部都装一个铁丝钩，3 号鱼只在嘴部装一个钩子，分四组放在地上。再制 4 根 1 米长的竹竿，竿头缚一根 0.3 米长的铁丝（要直），下面弯成鱼钩形。游戏者 4 人，每人拿一钓竿，站在离鱼 1.5 米处，先钓 1 号鱼，再用 1 号鱼的尾钩去钓 2 号鱼，最后，用 2 号鱼的尾钩钓 3 号鱼。能以最快速度钓起 3 条鱼者得胜。

人套人

用厚纸做 3-5 顶高的尖帽子，帽尖上分别涂上各种颜色，并画上花纹。另外用藤或竹做若干个直径约 7 寸的套圈。游戏者 3-5 人，各人戴上尖帽子，手拿 5 个套圈，向其他人的尖帽子上套，一边套别人，一边又要防止被别人套中。套圈扔出后如落在地上，就不准抬起再套，作失去 1 分算。每套中一个圈得一分。以分高者为胜。为使游戏紧张又活泼，可伴放音乐或敲锣打鼓。

抛毽子

用粉笔在地上先画一个直径 8 寸的小圆圈，再画一个直径 2 尺的同心大圆圈，把大圆圈分为 6 个相等的部分，标上不同的分数，如：50、15、30、5、40、10 分等，中间标上 100 分。再做一个鸡毛毽子。游戏者站在距大圆圈 4 米以外，向分数圈抛毽子，压线作废。每人限投两次。以得分最多的为优胜者。

荡篮投球

准备一只篮子、3 只小皮球、一条绳子。绳子一头缚在篮子的环柄当中，一头吊在树上（篮子离地不得超过 1 米）。游戏时，由主持人推动篮子，使它来回摇荡。游戏者站在离篮 2 米外的地方，手拿 3 只皮球，一只只向篮里投去。以投中多的为优胜者。

走九曲桥

在平地上用粉笔画有 9 个曲折的长桥。要注意桥身的阔度起码 2 尺，每段弯曲要相当，距离不要过分悬殊。游戏者看清楚九曲桥的长度、阔度后，在桥的一端，蒙好眼睛，向前走去。假如脚踩在线上，仍可让他继续行走；若走到了线外，就算跌进了河里，主持人就要叫他停止前进。通过曲数越多，奖级越高。

夹弹子

用 5 只普通玻璃茶杯，装上半杯水，每只杯里放 10 粒玻璃弹子。再备 5 双普通筷子和 5 只空容器（碗、碟或盘子）。游戏者手拿一双筷子，把杯里的弹子夹起，放到空容器内。在主持人发出"开始"的口令后 1 分钟内，谁夹出的弹子多，谁便获奖。

注意：比赛时玻璃杯和空容器之间应有一定距离；弹子掉了得重新把弹子放入杯里，从头开始。

摸弹子

备红、绿、白色弹子各 10 粒放入一只小布袋中，袋口缝有松紧带。主持人将各色弹子混合在一起，让游戏者手伸进布袋里摸，一次摸出 5 粒弹子。以摸出的弹子同一颜色多者为胜。

捕　绳

此为 2 人游戏，1 人手持长 3 – 4 米的绳子一端，绳的另一端拖地，另一人站在旁边。主持人发令后，拿绳子的人一边晃动绳子一边沿场绕圈跑；另一人追着去踩绳，踩中了就胜利。然后两人互换位置，游戏重新开始。主持人可用秒表计算两人分别需用多少时间踩着绳子，以时间长短决定胜负。要注意的是持绳者绳尖不准离开地面。

捉贴子

把游戏者分成人数相等的几队。准备 5 只小沙袋（或 5 颗小石子）。游戏者将 5 只小沙袋握于右手，用食指和拇指扣住其中一只，然后把其余 4 只撒于桌面上。接着把留在手中的沙袋向上抛出，迅速捉起桌上合适的 1 只沙袋并接住落下的 1 只。以下用同样的方法抛、捉、接，直至桌上沙袋全数捉在手中为一轮。第 H 轮为一次捉 2 只沙袋，第三轮为一次捉 4 只沙袋。如捉完三轮不失误，则继续从第一轮开始捉。如其间有失误，或多捉、少捉及触动相邻沙袋则换第二人做。以完成轮次多者为优胜。

击球出圈

在场地上画一条起投线；距起投线 4 – 5 米处，画一个直径 30 厘米的圆圈，圈内放一只排球，另准备沙袋 5 只。游戏者站在起投线后，用沙袋投击排球（必须过肩投掷）。击球出圈外者得 1 分，击不中或击中却未出圈外不得分。最后以得分多少定名次。

识别方向

在场地上画 4 个同心圆，直径分别为 1 米、2 米、3 米、4 米。从中间的圆开始，依次标上 4 分、3 分、2 分、1 分。参加游戏者手持木块站到圆心位置上，由主持人给蒙住眼睛。发令后，蒙眼人向任何方向走 8 步停下，在原地转 3 圈，然后凭判断返回原地，把手中物件放在地上。物件放在哪个圈，就打几分。最后以总分多少定胜负。

打坦克

在场地上画一条起投线。距起投线 10 米处画一条平行线。另备铁环（或藤圈）一只（代表坦克轮）、沙袋（或小皮球）若干只（代表反坦克手雷）。游戏开始，游戏者手持一沙袋，站在起投线后。另选两个滚圈人，相距 4 米，面对面站在端线上，其中一人持铁环（藤圈）。主持人发令后，滚圈人互相沿端线来回滚圈，投手瞄准活动圈投掷，沙袋如从活动圈中穿过即得 1 分。每人投 5 次，计总分决胜负。

自行车慢骑赛

骑自行车的人排在起跑线上，按照统一口令，沿着 30－40 米车道向终点前进，车道宽约 1 米。途中脚不触地而最后到达终点者，亦即骑车最慢的人为胜。

步调不一致

参加人数不限，一次以 15 人为宜，排成一列。主持人向他们发布如下口令：向左转、向右转、向后转、前进、立定等等。而游戏者必须反其道而行之。如主持人喊向左转，游戏者则应向右转：如主持人喊前进，游戏者则原地不动。如果谁听从了主持人的口令则罚下场，最后一个人获大奖。

园中觅宝

将写有各种奖品名称的纸条在游园开始前藏于游园会场的砖石、树杈等处。游戏者可以整个园中四处寻觅，如寻到了"宝藏"应及时到领奖处领奖。每寻得一宝，游园广播站便要通过小广播告知所有的游园群众，并提供一些线索，把尚未寻得的"宝藏"公布出来，以刺激游戏者的兴趣，提高他们寻宝的信心。最后一个觅得"宝藏"的人不仅应得纸条上所标注的奖品，而且还应颁发特别奖。

游园趣味谜语竞猜推荐

无中生有谜语

无中生有谜语即谜面为一张或数张空白无字的纸，"不着一字"的灯谜。

这类空空如也的谜乍看上去荡然无物，似乎令人很难下手，其实只要我们摸准它的诀窍，从"空"、"白"、"无"等方面去琢磨，这闷葫芦便不难打破。

例如："一张空白的纸条，当谜条悬挂着"，打《西游记》中一人名，谜底则为"悟空"；打一食品名，谜底就是"光面"；用"粉颈格"（即谜底第二字为谐声字）打一中药名，谜底当作"白芷"（纸）。

"悬着两张空白纸条"，打唐诗《长恨歌》中的一句，谜底为"两处茫茫皆不见"。"连贴出七张空白纸条"，打一字，谜底则是"皂"字，而且这则谜的谜底和谜面一黑（皂）七白，相映成趣。

除了白纸的"不着一字"灯谜外，另有使用颜色纸的无文谜。曾有人以一张空白的红纸条，打一中药名，谜底为"一片丹"。

金蝉脱壳谜语

这类灯谜，运用了谜底中文字互相抵消的办法，使得谜底和谜面丝丝入扣。

如"坍"（打二花卉名），谜底为"牡丹、牵牛"，牡丹去掉牛即成"坍"字了。

这类"金蝉脱壳"的谜语有个特点，那就是其谜底中必定隐藏着"无"、"少"、"去"、"空"、"失"、"没"等表示抵消的字和词，只要我们掌握这个特点，猜起来就容易得多。如："妇女解放翻了身"（打两中药名），谜底是"山药、没药"。"山药"之中没有"药"字，恰成"山"字，以扣谜面（"妇"里"女"字解放，再翻个身即为"山"）。

"金蝉脱壳"的方法当然不只限于在谜底之中使用，谜面上也可使用。如："大油田出油"（打一字），谜底是"奋"。谜面五个字中"油、出油"互相消除，仅有"大田"来射"奋"字。这种谜颇似"明修栈道，暗渡陈仓"，谜味盎然，煞是有趣。

欲擒故纵谜语

这类谜，作者在谜面上罗列人们习惯组合在一起的词句，却故意将其中的一个漏写，卖个破绽，看猜者能否觉察。

例如有一旧谜："金、银、铜、铁"（打我国一地名），谜底为"无锡"。这谜若从字面上寻思，无法破的。反过来从"五金"俗称"金、银、铜、铁、锡"为"五金"上想，就会发现漏了个"锡"，"无锡"就猜出了。这类谜的一个共同特点，是在一些约定俗成的同类词排比罗列时漏去其中一个，因此，就要当心谜面中有没有"故纵"的字眼，如有的话，紧追漏词不放，细加琢磨，准能射中。

如谜面是"红、橙、绿、蓝、紫"（打一成语），我们就只有从"光谱"中的七种颜色去猜了。列举了五种，尚缺"青黄"二色，从这上面想去，谜底便不难猜出了，是"青黄不接"。

还有在常用的数字中漏去一字的，如"壹、贰、叁、肆、伍、陆、柒、捌、玖"（打中国一古典小说）。请注意这里都是大写的数目字，中间遗忘了个"拾"，谜底当是"拾遗记"。

有人还将数学符号拉来入谜。如"＋－＋"（徐妃格）（打一作家名），谜底是"艾芜"，即去掉偏旁部首，以"×元"相加，此谜另辟蹊径，饶有风味。

当然，有时候作者漏掉几个词，你就要特别留心，从谜面上搜索，勿被瞒过。

猜这类谜还有一个诀窍，就是这些谜的谜底中总离不开表示没有（如无、少、缺、欠、遗、失等）意义的字，将谜面中漏去的词再加上上述的字，就是你猜的谜底了。

抛砖引玉谜语

这类谜语是面底互应，承上启下，而不是会意体，往往对诗词类较适合，往往是写出一些名句的上句，要猜的人依此推出下句的含义，再思索成谜底。

如用李白《送汪伦》中的"桃花潭水深千尺"打一成语，谜底是"无与伦比"。因该诗下句是"不及汪伦送我情"，以再没有比汪伦对我的情深的意思，烘托出谜底。

除了诗外，用词的也常有之。以李清照的《如梦令》句"试问卷帘人"为谜面，打一纺织品名，谜底是"花呢"。这词从下半阕的词意中，我们获知作者在问卷帘人庭院之花怎样了？所以这里的谜底应理解为疑问口气"花呢？"

猜这类"承上启下"的灯谜，就要求猜者熟读古典诗词，见此及彼，得心应手地解开谜底。

又如："白日依山尽"为面（打我国一足球名将），下句定为"黄河入海流"，不正是"黄向东"之意么，谜底就水到渠成了。

瞒天过海谜语

这类谜语是将字、物扭转成不同的角度后而成谜面。

如：把"夫"写颠倒为"¥"（打一曲艺形式），谜底为"二人转"。这个"转"字活化出谜面的神态，有趣极了。

根据"辗转反侧"的程度不同，我们可得出不同谜底来：如"X"（打一京剧名），因为它是个"十"字倾如斜坡，故谜底当是"十字坡"。

由于这种谜是将谜面上的字故意"辗转反侧"，因此谜底总离不开"倒"、"颠"、"反"、"转"、"侧"、"歪"、"斜"等意义，如果我们明了这一点，猜起它来就八九不离十了。

迷魂阵谜语

此类谜语往往加注有迷惑人的说明：如在谜面旁加注着一些诸如"此谜出丑"、"此谜见不得人"、"此谜请勿见笑"等等自谦之词，或加注鼓励和自诩的词或话，你可千万别以为这是作者虚怀若谷，须知这正是在故布疑阵，切莫被其瞒过。因此，我们猜谜的时候，尚需将这些自谦鼓励之词也算作谜面的一个组成部分去动脑筋，才有可能猜中谜底。

如："空欢喜"（打一战国人名）注有"此谜见不得人"，谜底为"伯乐"。"见不得人"，即是将谜底中"伯"去掉"人"，剩下"白乐"来扣合谜面。

添有鼓励字眼的。

如："一伙懒汉"（打一成语）注有"此谜用心便能猜中"，谜底为"各不相干"。"用心便能猜中"意为用上一个心字，此谜便迎刃而解了，使谜底从"各不相干"变成"各不想干"，不正是谜面"一伙懒汉"的写照吗？这种不露痕迹的鼓励话儿，也不能忽视。

加注自诩词话的是乍看之下，好像制谜者在用"激将法"向猜谜者挑战，其实这也是迷魂阵，也该将这些自诩词作为谜面的一个组成部分，去推敲出谜底来。

如："陕西姑娘"（打词牌名一），注有"此谜休想猜出"，谜底是《忆秦娥》。"休想猜出"四字是交代不要这"想"（即"忆"字）才能猜出，就留下"秦娥"来紧扣"陕西姑娘"谜面了。

任凭制谜者怎样巧设疑阵，只要我们懂得附加的字句皆为谜面不可分割的一部分，据此细加思索，这些迷阵是不难被破掉的。

连环计谜语

即字词或物重写或重放置。

如："爸爸"（打一清代著名学者名），谜底是"严复"。爸即为家严，"爸爸"二字为严复。

"叠字谜"大多在谜底中隐藏着数字，而这个数字与谜面叠字的多少有关，只要掌握这个关键，破谜也就不难了。

如："泳泳泳泳泳泳"（打一宋代诗人名），谜底为"陆游"。

但"叠字谜"并不是千篇一律的，如果让谜面来个转折，那么就显得有趣曲折了。

如："袭袭袭袭袭袭袭袭袭袭袭袭"（打一京剧名）。十二要看做一"打"，袭字即龙衣，故而谜底是"打龙袍"。

第五章
舞台演出

绘 景

绘景不同于一般绘画，绘景的对象是布景，布景有虚有实，它除了绘制设计图所提供的硬景片，如山石、丛林、房屋建筑外，还有软景如画幕、闭幕。此外，还有树墩、石头、土坡等立体或半立体的造型，同时还包括天幕幻灯投影的绘制工作。绘景工作是体现舞美设计意图的重要部门之一。它的工作又要和灯光密切地配合，不是孤立地单一地绘制，孤立地用色。舞台形象是远距离欣赏的艺术，不易过细，色调整体而不零乱，运笔大块而不拘泥。

下面介绍绘景工作的方法和体现手段。

中近远景及幻灯投影的绘制方法

1. 画幕

我们说的画幕是指相当于天幕大小的大画幕，横贯舞台，造成深远感，将所要求的群山、森林、瀑布、丛林、建筑群、有系统地分布在一张完整的画幕上。画幕的绘制要有严格的绘画水平，熟练地掌握全部绘制方法，突出重点，循序渐进，有条不紊。无论用色用笔都要按计划进行，胸有成竹。由于画幕比例较大（平均是 8m×18m），如在画幕中要体现森林、原野、群山、雪林、建筑群，海湾、岛屿等等形象，绘制者首先要根据设计意图画好小样（按设计图尺寸比例缩小的画景稿），将大画幕平铺在地面（木板地、水泥地都行），然后按小样打构轮廓。第二步，即将描构好轮廓的画稿涂上薄猪血（即用猪血料加水调稀，1：20），使画布粘贴在地面上，同时起到上浆作用；也可用稀橡胶浆（一种化合的橡胶浆加水 1：15 调稀）涂匀在画布上，等干后，即可着手绘制。一般绘制过程是先远后近，最后留回天空。如先画远山、远树、远处的建筑剪影，然后依此类推，最后铺天空，分出色彩造型。注意一个问题，即画幕上的远山，远树，不要运用纯粉色来描绘，因为舞台上布景是依赖灯光的投射出现时空关系的，而粉色是反射光线的，一幅巨幅画幕的远山远树如果不采取特殊的绘画手段，往往会使远山远树透视不过去，相反会"跳"出画幕中间及近处的造型，达不到深远感觉。所以我们采用了粉色加染色加水的绘制方法，似国画的烘染，先将远山的起伏结构用稀染色干色笔蹭出来（也不是用纯粉色，同样用染色水加粉色），等干后铺上一层薄薄的淡蓝色水即成。这样在接受灯光投射时，吸收灯光色彩，起到朦胧的色彩透视效果，有相当的深远感。

2. 中景纱幕

纱幕是用网眼纱绘制的画幕。为了加强空间层次，或为了舞台上出现变化万千的幻觉感（如纱幕前的表演和纱幕后又出现重叠画面的表演等），现将几种纱幕画法出现不同效果评述如下：

①染色画法。即将纱幕吊起，从上至下勾画出轮廓（可用淡蓝色勾画），然后从上而下的按顺序画出树丛、山峦等形象，色彩不宜过多，着重表现关系。如画群山和松树，可将树帽和树干的中间部、暗部先画好，然后加上受光部的亮暖色。在画受光的山头时，可将山头受光部分留出，然后蹭上朝霞的粉红、桔红色，树干部分也同样。最亮的部分可以用粉色路上纱幕，如白城树干的受光部，可以用白加橙色蹭上。注意画纱幕和一般画幕不同，用笔全是干蹭，水分不宜蘸得过多，以防流淌。这一种纱幕效果是梦幻场面较好，即在舞台前，实景在后。开始需要出现台前的形象，即灯光从纱幕的正面投光，当舞台的实景在纱幕后出现时，纱幕上形象即消失了。如《沙恭达罗》序幕榕树。

②染色、明胶加上粉色画布剪贴画法。此种纱幕一般当画幕使用，如画远山、森林，先将远山树丛画好，然后用明胶加染色或粉色画出树干、茂密的树叶，最近的树干用布画好，剪下缝合在纱幕上，这样，纱幕上出现的形象有三个层次（正面投光），朦胧的感觉很好。如《枫树湾》中景纱幕。

在使用明胶时，应先将明胶用开水泡煮成液体，然后渗入粉色调匀，用笔画在纱幕上（注意画时，用笔要横握，轻而慢，使色彩全部附着在网眼上），起到堵住纱眼的作用，使所画物象更有空间感，边沿较虚，有层次透视。注意染色一般较翠，要配入灰色，使色彩浑厚，如煮蓝煮青、煮红、煮黄等色。大面积色感可以运用喷雾器来喷出效果。

3. 剪贴画幕

所谓剪贴画幕，是指用各种透明程度不同质地的材料如白布、纱布、手绢布等拼缝起来的整块画幕。这种画幕版画效果强，有过光感，层次浓淡穿插。绘制方法，先将各种材料根据形象和色彩染成各色、上浆、烫平备用。然后将画稿放大在地面，再将集成各色的不同材料按需要剪出轮廓，拼缝而成。在这种画幕上同样可以出现山川森林、建筑等形象（如《激流勇进》画幕）。

4. 网幕

即中景网幕或称软幕。为了增加舞台画面空间的层次感和物象深远透视感，中景画幕不可缺。它是衔接近远景的媒介，使近景更实、远景更虚，造成空间幻觉。绘制网幕，绘制要准确。轮廓要鲜明，缝制粘贴过程精细平正，使网幕吊起时不起皱折，避免网幕坑坑洼洼现象。绘制方法，先将白布或手绢布事先用粉色画好形象，然后用白色勾出剪裁的轮廓，剪裁好后将形象翻贴在地面，可将整张网幕覆盖在贴在地面的形象上，然后用乳胶粘贴（可用布条或块布来贴，也可以用乳胶点在网格线交叉处上，使网格线和所画形象粘贴一起），等干透后揭起来，吊上吊杆，即成。如果发现所剪的轮廓太死板，可以在网幕后面用染成绿色的纱布再缝合在树帽的边缘，或剪成树叶状，使茂密的树叶更有生气。如果要求树叶有道光感，可以用染成黄绿色的白绸子贴在网后，当过光灯投射时，可出现透明的逆光树叶，加强光色感觉，整个树帽就栩栩如生了。建筑物的网幕，可以用不同质料的布来粘贴，使建筑物有明显的空间感。

5. 硬景片的绘制方法

硬景片就是用白布蒙在造型的木框上的景片，如树干、墙片、屋檐、土坡、礁石等等。首先根据设计要求，画出小样（绘景稿），然后将景片的布上浆，即用稀猪血或稀橡胶浆涂上一层，使布更有弹性，等干透后即可打轮廓上色。除了绘画手法外，有些特殊效果的屋顶、砖墙、土墙等等（包括礁石、树干、草坡等可以用各种材料粘贴。如土墙、砖墙、礁石，可以用粗草纸或草纸浆（草纸浆用草板纸泡湿、浸透、然后调匀加牛皮胶即成）贴在墙面或砖面。礁石的粗草面，再上色即成。如茅草棚，可将棕榈撕成所需的形象贴在屋顶、屋檐，即可着色，更有真实感。在绘制过程中注意用笔用色的适宜，即在铺好底色后，等景片干透，再用笔干蹭上不同效果的粉色，运笔的轻重缓急可按出效果为原则，没有硬性规定。铺底色时，要掌握色彩的冷暖变化、上下变化，用色要大胆细致、丰富浑厚，给第二步加蹭造型色创造条件。一般景片的最暗部分可以用深棕或黑色的平绒剪成所需的形象，贴在暗部，使投光时吸光，造成更深的感觉。这是一般粉色达不到的效果。如最深的华蓝、普蓝、深红，都有反光的作用，不能暗下去，只能依靠平绒。花丛的画法要运用丰富的底色，将各种花的本色飞笔点缀而成。

6. 立体或半立体景的绘制

①如石墩、树桩等可在绘制前将泡塑钉粘在木架上造型（用乳胶粘贴，然后用火筷烫出所需的形象），然后铺底色，加高光即成。

②可以用桧托的方法，先将立体形象用泥土雕塑出来。形象雕塑完后，用白水涂匀在普通报纸上，覆盖在塑好的物象上，稍干后，再贴上涂有浆糊的色块，一般贴三层即可。等干后形象脱胎而出，随之钉在木架上即可。如没有条件桧托，也可以用木板、三合板和草纸板造型，然后糊上布，在湿的布面上用手捏造成各种形象，然后上色即可。绘制时要注意掌握色彩绸子的倾向性，如月夜、黄昏、朝霞。要区别于一般的习惯用色，冷暖关系要明确。等底色干透以后，用较浓厚的色调蹭上局部突出的色感，颜色水分要少，运笔要轻快，使立体造型的凹处保留底色，加强物体质感。

绘景颜料和工具的选择

1. 绘景用色

一般是水粉色（即广告色），其次是染色（一般用于纱幕和大画幕大面积底色）。绘景之前，首先要调配色彩。舞美形象是远距离欣赏的绘画艺术，用色较多，不能随画随调。一般要求是：先将各色调匀（如原色），然后根据绘景对象的不同要求配好中间色调，如白加群青、白加柠黄、白加青莲、白加橘黄、白加深棕、白加孔蓝、白加翠绿……随着准备好的各色调配就序，即放入1：5的橡胶浆或批胶。橡胶浆比桃胶、牛胶性能好，不怕水漏痕迹，不会掉色，适宜于野外巡回演出。在布景所需要最鲜亮的色彩时，可以少量选用铝管装广告色。其次是画笔的选用，一般用4－14寸猪棕刷、2－6寸羊毛匀浆板刷、白扁棕刷，油画笔用的不多。在涂铺大面积布景底色时，最好使用羊毛排刷（刷墙用的刷子）。再次是运笔问题。运笔是技术性很强的一种表现手段，在绘景中是非常重要的一环，关系到绘景的好坏。景片、画幕和观众的距离较远，运笔不当，就会使形象浑浊，物象结构不清。所以绘景运笔技法是多种多样的。国画有各种画法，油画有按捺拖拉点，书法有苍劲柔刚饱樵之分，所以绘景这笔要集以上各艺术的精华。国画讲究笔分五色，绘景同样一笔分冷暖，有时原色间色同时蘸在笔上绘画，时而豪放，时而细致精雕，讲究能拖拉点。有时也采用印象派手法，即"点彩"的方法，点出各色形象来，使画面更有浓烈的色感。在绘画过程中要求一气呵成，不要间歇。画法有湿法和干法两种，方法的选用根据物象的造型、光色而定。有时一块景片，画幕要在湿时全部画完，有时要等底色干透后涂上厚色，即可出现特殊效果，如礁石、石壁、树帽、草坡等等。色彩的明朗、鲜亮程度，全靠局部加工，要做到胸有成竹，不能随想随画，落笔要有次序，不能来回涂改。最后的任务是在舞台上各局部布景合成时的再加工（即和光色配合合成时修改加工），使绘景部分完美地体现剧本主题要求，更富有绘画性。

2. 喷雾器的使用

一般用农药喷雾器。使用方法和对象：喷雾器喷出的色点是很细的，颜料中不能有杂物，所以色彩要调匀、过滤、调稀，防止喷不出来。加胶时一般以喷出色调干后不掉为原则。喷雾使用对象，如墙片，喷出上深下浅的素描关系和冷暖色感，造成气氛。另外是喷制墙花，墙花的喷制法有多种，如一般墙花，丝绒感墙花等。先将墙片刷好所需的底色，底色的涂铺要根据墙面的受光背光涂出冷暖关系（即冷色暖色交错的关系，或上冷下暖，或相反），然后是制版工作（即用牛皮纸、刻出花纹）。花纹制板有粗有细，细花纹刻制后，要大面积联接起来，将留好的皮纸铺在地面，上面覆盖一层冷布纱，然后将清漆涂上，使皮纸和冷布粘合成整块墙花底样，等干后即可按在墙片上喷制。在喷制时，色彩要分冷暖，一层喷完干后再喷第二层。一般喷制时，将底色深的部分喷上浅色点，底色浅的部分喷上深色点，冷暖关系也是同样处理。这样可以造成闪光的感觉。如果喷制富丽堂皇的宫廷，贵族家庭，高级现代化室内墙花，可以将喷好了花纹的皮纸刻板交错一下，即将刻板安放已喷好的墙花上，整个板面向上拉一下，然后喷上金粉或银粉点，即可造成丝绒感，有厚度。

特殊物质的绘制法

1. 水磨砖绘制法

有两种方法，一种是将碎石子铺撒在涂有底色的布景上（如台阶，墙面），然后用喷雾器喷色，等干后将碎石子倒下，即成水磨路了（如果水磨石子色彩要丰富些，可以重叠喷和重叠撒石子）。另一种绘制方法是用长杆笔撒点法。即将涂有底色的墙片、台阶、栏杆等布景放在空地上，用长杆棕刷蘸上各种冷暖色彩撒上景片。撒时，右手握笔杆后部顶端，左手拍杯中部，点子就撒下去了。要什么色点就可撒什么色点，大小、均匀全在绘制者本人掌握，此法较简便。

2. 大理石绘制法

大理石绘制也有两种，一种是纯属绘画法，一种是蘸油法。蘸油法最理想，它自然，色彩丰富。方法是先将布景分块，然后用青粉加牛胶涂刷在物象上，等干后备用。另外，准备一盆水，然后将各色油画色用煤油调稀，根据需要，将调好的油画色滴入水盆中，用筷子拌调水面，使油色呈现出理想的花纹图案，然后将景片蘸入水中，提出后即成自然大理石了。最后上一层清漆，真实质感的大理石就成功了。

幻灯投影绘制法和注意事项

1. 幻灯投影绘制法

幻灯投影运用于天幕，绘制方法和绘景截然不同。它是水色透明体的光色感，没有粉色那样实，所以幻灯使用局限于天幕投影，如云、远山、远处建筑物等，直接和中景网幕或景片衔接。幻灯色的选用，除普通幻灯色外，需要选用活性染料（可以和印染厂联系购买）。普通幻灯色在 200 瓩强光烘烤之下容易掉色，活性染色不易烤掉。活性染色型号如下：黑 KBG、红 ×B、蓝 R、深蓝灰 BG、淡黄 ×6G、紫红 K3R，蓝 K－GL，天空蓝（特型），中黄 ×RN、青莲紫 ×2R、朱玛索蓝 R、鲜蓝等色。其次是堵漆法。因幻灯投影是画在有胶膜的胶片上的，所有形象要用堵漆方法来处理，一般堵漆材料选用不宜使用清涂和稀料（因此种材料堵住的形象上水色时易擦脱，另外稀料中有苯，是毒品，对呼吸管道有害），而使用木刻白油墨（"牡丹牌"油墨）。用煤油调稀使用，方法是先将有胶膜一面涂上清水，然后将片夹倒置过来，将天空涂上蓝色，即成。如有白云，可先将白云用油墨堵住，云边沾油墨稀一点，使云有厚度，再上色。等天空色干后，再侧转过来，在描有浅稿的部分堵上油墨，留出远山轮廓，涂上远山色彩。如果远山有起伏层次及结构的话，可以先涂上远山的受光面，然后在受光面上堵上油墨再回远山本色，这样，结构就出色了。注意堵油墨时，用笔要轻，要有笔触。不宜涂得太死板，要虚虚实实。一般是按远近层次来画，一次堵油墨画成，即一张幻灯片从头到尾，从上到下，一次画完。堵油墨时，循序而进。依此类推，边堵边画，色彩从浅到深，最后等干透后将油墨擦去（用干棉花擦，用力擦，要擦多次，等胶片完全透明为止）。要注意涂色时，涂一层用湿棉花拧干擦一层。使色彩的浮现、水分吸干，色彩易于涂透。为了使胶膜干得快，画时顺序较快，可以用 200 支光灯泡烤干胶膜，着手绘制时可以迅速一些。要循序渐进，不能急躁。

2. 幻灯底稿问题

有条件的单位可以拍摄底稿，即将有比例的画稿画在纸上，再拍摄出球面差的变了形的形象线稿，然后再覆盖在胶片上用白色描出线稿即可上色（白色是插在没有胶膜的一面，切忌描在有胶膜的一面，以免上色时，轮廓被水色涂掉）。如无条件拍摄，可以根据变形格、规格图胶片来描绘形象线稿，也可以达到要求。第三种是手构稿法，即将白胶片夹在铁片上，插入幻灯槽，用黑色或蓝色钢笔构出形象来。这种方法简便，但要习惯才行。因为投射到天幕上的线条，物象是颠倒的，构稿时也是颠倒构描着，但有个方法，如画好水平线时（即在天幕上拉一条所需高度的绳子作为水平线），可以在倒置的幻灯片上用钢笔点成水平线的点。然后在灯外将点联接起来，其他形象（如建筑物，直线横线较多，可用定点的方法来联接），也可用此法，比较便当。

灯　光

灯光在戏剧演出中的任务

1. 照明

在舞台演戏，一定要使用灯光，以加强舞台光度，使观众把戏看得清楚。

2. 表现剧中所需的时间及其变化

舞台上的白天到黑夜，夜晚到天明等等景色，都要靠舞台灯光的色彩、明暗、光影的变化来完成的。

3. 配合戏剧情节中所需要的环境气氛及其变化

戏中表现喜气洋洋的气氛或者是悲惨凄凉的气氛等等，也都要借助灯光来感染观众。

4. 创造自然现象来衬托戏剧的发展

例如闪电、火、雪、云、月、河水翻滚、海浪滔滔等等以及其他一些特殊的灯光技巧。

舞台灯光的部位和作用

舞台灯光是必须用各种灯具投射出光来创造戏剧所需要的艺术气氛以完成任务的，所以物质设备对舞台灯光来说是很重要的。目前戏剧的演出都是用电灯作为舞台灯光的工具。由于舞台形式的不一样，舞台灯光装好的部位也不一样，这里只介绍使用最多的镜框式舞台的装灯部位和名称。

1. 面光

灯具安装于舞台镜框之外，观众厅顶部正面，所装的灯具，光线从正面投射于前表演区，照射演员的表演，这部分灯位称之为面光。有条件的可以设置多道面光，由台口向观众席后方顺序称为第一道面光，第二道面光和第三道面光。

2. 侧面光

灯具装于二楼观众席两侧近台口处，光线从侧正面投射于表演区，增加面光投射的侧面亮度，使被投射的人和物有立体感，这部分灯位称之为侧面光。

3. 耳光

灯具装于舞台镜框之外，左右两侧靠近台口处，光线从侧面投向舞台表演区，作用与侧面光同，这部分灯位称之为耳光。

4. 顶光

顶光位于舞台大幕之后的部位，一般灯具装在台口吊桥上或装在升降吊杆上，光线主要投射在表演区中后部，可以与台口外面光相衔接，向后延伸以补面光射不着的地方。靠台后的顶光可向台口方向照射，作为倒道光或光源使用。顶光的灯具一般都使用聚光灯。沿台口顺序向天幕每个景区都可安装顶光灯，由台口向里顺序称为一顶、二顶、三顶和四顶等。台越深，装的顶光也越多。

5. 柱光

位于舞台口内大幕后两侧，灯具装在能伸缩的假台口上，或装在立式铁管及固定铁架上，形成由上而下的灯柱，故称之为柱光或光柱。这里的灯光为台内前侧光，光区可以与侧面光和耳光光区相衔接，并向台内延伸，以补台口外的侧面光和耳光照射不到的地方。尤其当用面纱幕时，台内演员照明和景物照明就以柱光和一道顶光为主了，所以柱光为台内很重要的灯位。台内使用的追光也装在柱光架上，有条件的舞台可以设置能伸缩的柱光架，形成一个活动的假台口。从台口顺序向里可在每道侧幕后设多道程光。

6. 脚光

位于舞台台口外前沿台板上，也就是台唇的边沿处。用泛光条灯沿台口装成一排，光线由下向上照射，从下方弥补演员面部照明用的不足，也可照射大幕式作为演舞蹈，武打戏时安全讯号灯使用。

7. 侧光

位于舞台内左右两侧天桥上，灯位由台口到舞台后墙都可以安装。光线自高处侧方向下投射，可以从各道侧幕中穿射到舞台各个部位。这部位的灯光主要表现为光源，加强人物的立体感和深度感。有条件的舞台往往是多层天桥，安装在各层上的灯位由低而高按顺序称之为侧光一、侧光二、侧光三。

8. 顶排光

顶排灯为条灯，灯具由泛光灯组成。它分四格、六格、八格、十二格不等，每格安装一个灯泡，一种颜色片，这样组合起来可以有三或四种颜色，照射面积大而均匀，适于光线向下向后照射大面积景物和演区。也可以由台口向里分为一排灯、二排灯、三排灯。

9. 天排光

位于天幕前舞台上部，灯具一般安装在吊杆上，这灯位是俯射天幕的专门灯位，所以称为天排光。

10. 地排光

位于天幕前舞台台板上，专门仰射天幕用的灯，称为地排灯。主要是投射远景形象和天的色彩，在天幕上造成远景和天空的景色。

另外，还有流动灯具各种特技或特殊用灯，这些灯的灯位不固定。

灯具

1. 泛光灯

在灯盒内安装灯泡。光线由灯泡直接射出来，有一部分是经过灯盒内壁反射出来的。这种灯射出来的光线范围大，比较均匀，适于照射较近距离大面积的布景和演区。不足之处是光的照射范围不易控制，亮度比较弱。泛光灯部位不同，所起的作用也不同，要求也不一样。天排光使用的泛光灯功率大，在一千瓦以上。现在一般采用一千瓦碘钨灯，这种灯色温高，亮度强，射出的色光效果好。顶排灯的功率根据舞台大小有一百瓦、二百瓦、三百瓦和五百瓦等多种。脚光灯功率也根据舞台大小有一百瓦、二百瓦和三百瓦等多种。

2. 聚光灯

聚光灯是目前舞台灯光中使用较多的一种灯具。这种灯具的构造是在灯泡前加一平凸透镜，在灯泡后面加一反光镜。反光镜与灯泡有一定固定的距离，灯泡与透镜之间的距离是可根据需要随意调节的。灯泡必须用排丝泡，这种灯射出来的光均匀。灯泡的功率也随着舞台大小和装灯部位的远近而异。一般有三百瓦、五百瓦、一千瓦、二千瓦不等。反光镜要与灯泡配套，每种形状的灯泡对反光镜大小、曲面、距离等要求不同，不能乱用。透镜的选择，按灯的大小而定，一般一千瓦以下的灯用 6 时 450°平凸透镜或用 4 时 450°平凸透镜，二千瓦的灯用 8 时 300°平凸透镜，每个灯前有装色片的槽。此外，也有用螺纹透镜的，这种透镜射出来的光比较柔和，没有硬光斑。另外还有椭球聚光灯，也叫造型灯。它的聚光部分是利用一种棉球形的反光碗来聚光，反光碗前面加一个物镜组，具有幻灯投射影像的性能，在光的焦点地方设置有四块可以任意活动的挡板，这样射出的光束被切割成方形、三角形。再放上影像的挡片就可以出现各种影像的光影。

3. 幻灯

这种灯是用来投射具体影像的。例如房屋、树林花草、山川河流、天空云彩等等，它的构造是在聚光灯的前面加一成像的物镜即可。需要出现什么影像，只要将画好的幻灯片插在聚光灯前片槽内，前面再加上物镜筒，然后调整物镜和幻灯片的距离，将光投射在天幕上或其他受光面上，所需要的画面和影像就显现出来了。舞台灯光所用的幻灯一般分为两大类：一类是影像能活动的特殊效果幻灯。这种幻灯在安装幻灯片的地方换上能活动的机具，幻灯片就可转动；另一类是影像固定的幻灯。我国目前独创的投射大面积天幕画面的幻灯就属这一种。这种幻灯，使用时放在距天幕三米的地方，四个或五个衔接在一起用，这样才能形成一个完整的天幕画面。画面越宽用灯就越多。

舞台灯光的控制间

演出时要随着戏剧演出的发展而不断变化，所以一般舞台灯光设灯光控制间，集中管理各种灯光。控制间要设在能看到演出的地方。灯光的变化要和演员的表演和剧情发展紧密配合。

1. 性能

①舞台上安装灯具的线路要集中到控制设备上。

②集中在控制设备上的线路可以任意按需要排列组合，而且这种排列组合在演出中可以变换。

③每个灯或每组灯都要有节光器设备，控制调配灯光的明暗。

2. 设备

①插销式配电盘。②闸刀式配电盘。③转轮式配电盘。

3. 节光器

是与配电盘联接起来控制灯光渐明渐暗或明暗程度的电阻器或调压变压器。

①水阻节光器：盐水节光器就是我们常用的一种水阻节光器。它的制作简便也很经济。

②阻力丝节光器：这是用阻力丝绕制在中间抽出很多头来，按次序排列成圆圈，中间用一个铜钉刷子移动，这样可使电阻增大或减小，因此连接的灯光也会渐明或渐暗。这种节光器市上有成品出售，负荷有二千瓦、五千瓦、八千瓦、一万瓦等多种。使用时，根据带灯多少合理选用。

③调压变压器。利用变压器原理每隔一伏特抽一头，按顺序排列成圆形，中间用炭精刷子活动。

④钢丝操纵的调压变光器：这种是供固定剧场使用的大型设备。

⑤可控硅调光器：这是用电路来控制硅管的导通与不导通式导通多少来控制灯光的明暗程度的。

音响效果

音响效果是整个舞台艺术不可缺少的一部分，它可以使舞台演出更加完美，可以弥补舞台空间的不足，也可以帮助特定的环境烘托气氛，提示舞台的时间、地点、季节、气候等等。

音响效果的制作和配戏。目前电子音响设备得到了广泛的应用，专业文艺团体中的音响效果工作者以及大部分业余剧团，都充分利用传声器（俗称话筒）、录音机和扩音机、高低音喇叭作为完成音响效果工作的工具。但是电声器材不能代替一切，所以音响效果还利用一部分制作的器材来完成。

电话铃声

在有市交流电的地方用声音近似电话铃声的电铃，或用废旧的电话机改装，在控制响铃的线圈线路上串联一只 10K－50K 欧姆的电阻，使用 220 伏交流市电，使线圈两端电压在 70－90 伏。在无电的地方可用电池的电铃或用双铃闹钟代替。使用时先将闹铃发条旋足，把指针拨到闹的地方。先用手按住闹锤，戏里需要时把手放开，放开的节奏要求和真的电话铃一样。

枪　声

用藤条鞭打三合板就像一般的枪声。这种方法需用一根长约 1 米，像手指粗细的藤条鞭或树枝和一块大的三合板。另一种做法：到体育用品商店购买发令纸（炮）数张。准备两块 1 寸半见方的小铁板，两块小铁板中间放发令纸（炮）2－4 个不等，使用时用锤子猛砸小铁板即发出枪声。这种响声很有真实感，每两块小铁板只能配一枪，如连续响枪则每响一声要增加两块小铁板，以此类推。

炮　声

用一个直径 1 米左右的大鼓（险面直径越大越好）竖放，或用架子吊起来。吊一张薄铁皮。用鼓槌敲击鼓面，鼓面发出的响声为炮声，铁皮发出的声响为回声。调整铁皮与鼓面的距离，可以使炮的回声表现出远近来。配戏时可以根据剧情的需要，做出单炮、群炮、远炮、近炮等各种不同类型的炮声。另一种方法：找一根长约二尺的细钢丝弹簧安装在老式音通电唱机插唱针的地方，抖动唱头，通过低音喇叭扩音机传送出去，就形成理想的炮声效果。这种方法，简单易行，不用录音机，又省去笨重的大鼓、铁皮之类的东西。

烟　雾

分速效和长效两种。

（1）速效（快燃）烟雾。

氯酸钾50%，细白糖50%，用前混合在一起，用炉加热，或用火柴点燃，便可迅速冒出蓝白色烟雾来。

（2）长效（慢燃）烟雾。

用氯化铵在电炉上加热。到一定程度后白色烟雾冉冉而起。

另一种方法：用乙二醇倒在饭盒内，放在电炉上加热，效果和氯化铵相同（氯酸钾、氯化铵、乙二醇等用品化工商店出售）。

上工钟声

农村上工钟声，用大铜钟最好。如没有大铜钟可以用一截钢轨或小块钢板或炮弹钢壳代替。

轮船汽笛声

找大小、高低、瓶口粗细不等的玻璃瓶子。用嘴吹，可以吹出各种不同的轮船汽笛声来。

报时钟声

到钟表店买一根钟簧，将它安装在长1尺宽5寸厚2至3寸的木箱上。木箱中间开一直径约2寸的圆口作为共鸣口。用硬木棒或铁棒缠布条敲击即可。如声音不够大可以用扩音器扩大。

时钟走动的滴答声

借用乐队的节拍器即可。

雪花飘

把白纸（薄些轻些）剪成玉米粒大小的不规则纸片，从台顶或台侧撒开。在有电的地方可用电风扇吹小纸片，在无电的地方可用扇子扇。

购买大芭蕉扇数把，每把扇子的正反两面各缝上十条棉线，线长约一寸，线的另一头系一二个玻璃珠子，如买不到玻璃珠子用大黄豆或小蚕豆代用。使用时用手不规则摇晃，即成雨声。如雨声大则可多做几把。

雷　声

最好找5尺×7尺或4尺×6尺的三合板数张，放在台两侧。使用时每张三合板一人，用两手拿住，离地，前后抖动。抖动时两手方向相反，抖动力量由小到大再渐小，必要时用数人同时抖动，即成雷声。这样的雷声有层次、有厚度。

马蹄声

南方一般用大毛竹。选用直径2至3寸的毛竹，一节一节地锯开。每节长最好3寸。每段必留一个节作共鸣用。使用时左右手各拿一个，学马行走的方法在地上敲。毛竹太硬可包些麻袋布。如配马铃，马铃声要和马蹄行走的节奏一样。不用毛竹，也可以用椰子碗代替。北方农村一般用木头制的马勺或塑料碗代替。

上述音响效果的制作方法，音量可能不够大，所以，事先最好进行录音。演出时使用扬声器扩大音量。但要注意对不同声音对象选配各种不同规格的扬声器。

扬声器

（1）高音喇叭。

功率25W阻抗8－16欧，必要时可以并联使用。放音对象、各种鸟叫、蝉叫、青蛙、蟋蟀、啄木鸟、鸡鸣、狗吠、风声、火车鸣笛、小轮船汽笛、电话声、单步枪、乱步枪、轻机枪、各种机器、铃声、大钟、喷气式飞机、警车、工厂汽笛等。

（2）低音喇叭。

功率15－25W阻抗4－16欧，必要时可以串联或并联使用。放音对象：电报、时钟、牛叫、马嘶、马车、雷声、脚步声、汽车喇叭、火车行走、大轮船汽笛、重机枪、远炮、近炮、各种引擎、螺旋桨轰炸机、直升飞机、球场、建筑工地等。

（3）组合音箱。

功率20－100W 阻抗4－16欧。音箱有二路分频（即高低音二只喇叭和三路分频（即有高、中、低音三组喇叭），必要时亦可串联或并联使用。放音对象：音乐、雨声、火车、各种炮的发射、海浪、婴孩哭、江河流水等。

舞台要求

化妆前要想到的几个问题

（1）要根据剧本提出的主题、内容、时代、背景、人物特征和性格来画，切忌按个人兴趣来打扮。

（2）演员在舞台上演戏，和观众有一定的距离。为了帮助观众看清演员脸上的表情，化妆时，比生活妆要有一定的夸张。

（3）戏剧是综合艺术。是由导演、演员、布景、灯光、服装等方面配合起来的。布景与服装的色彩直接影响到演员脸部色彩的深浅与明亮。灯光还有一种漂白作用。所以，日光下和弱光下妆要画得淡一些；强光下妆要画得浓一些。

（4）要熟悉演员的脸型。舞台人物造型是以演员脸型为基础，把不符合剧中人物的部分加以掩盖，把不够的地方加以强调、突出，以达到剧中人物的需要。

（5）要了解人体头部的骨骼和肌肉。

人体头部骨骼是由头盖骨和颜面骨组成。它是整个头型的基础。在脸部有八个最高点（额骨节节、眉骨节节、颧骨节节、下颌骨节节），这八个点的地位往往决定着一个人的脸型。肌肉的松弛、消瘦或丰满，直接影响脸型与表情。所以，化妆前一定要观察好这几个点的位置和骨骼与肌肉的相关关系。

舞台化妆由于剧种不同，要求也不同。

（1）现代戏曲妆：与话剧化妆接近，但由于戏曲表现的程式化和风格化，夸张的成分较大，因此舞台上的化妆也要相应地夸张，使化妆和表演形式统一起来。

（2）历史剧妆：历史剧化妆因地方剧种的传统化妆不同而异，它们都有一定的表现程式和夸张的、有象征性的固定脸谱。

（3）话剧妆：要求真实。它不像戏曲妆那样夸张，但要注意人物性格的造型及色彩应与剧的主题、风格、体裁相协调。同时，使观众能看清舞台上演员五官的表现。

（4）歌舞妆：源于生活，高于生活，有浪漫主义色彩。所以化妆要美，要与鲜艳的服装配合好。

（5）歌剧妆：与话剧妆相近，但因它以唱的表现形式为主，所以要注意适当的夸张。嘴要画得小一些。

（6）曲艺、杂技化妆：以淡妆为主，要求颜色鲜艳、漂亮。

化妆的组成

（1）绘画化妆。

用绘画的方法在立体的面孔上描绘线条、明暗、肌肉、骨骼的变化，达到造型的目的。

（2）毛发化妆。

用头套、发型、胡型等粘贴物，立体地改变演员原来的外型，以达到造型的目的。

（3）塑料牵引化妆。

用粘贴零件和绷拉牵引办法牵动脸部肌肉，使其发生变化，达到造型的目的。

其中绘画化妆是主要的。这里主要介绍绘画化妆。

化妆步骤

（1）准备物品和工具。

化妆盒：文具盒、文艺盒均可。也可以把油彩挤到一块瓷砖上或玻璃板上使用。

油彩：一般常用的有大红、朱红、黑、蓝、黄、白等各种型号的颜色。

化妆笔：两三支即够用，市面上有卖。也可用小毛笔、纸笔、眉笔等代替。

擦脸油：凡士林、动物油、植物油均可。

扑粉：定妆用。

粉刷：软一些的羊毛刷、排笔、棉花都可用。

胶水：有专门粘胡子用的胶水，也可用松香泡在酒精中制成。

（2）化妆过程。

洗脸：演员先把脸洗干净。男同志把胡子刮掉。

涂底油：用手指或手掌将上妆油拍好涂匀，但不宜过多。

拍底色：先把配好的底色放在手上调好，然后用右手指沾上调好的油彩。点到脸上轻轻拍匀，拍薄。在耳朵、脖子附近地方，要慢慢过渡。不能拍得太厚，否则就有死板感。如底色深，耳朵和手脖都要拍到。

拍颊红：一般拍在妇女擦胭脂的地方。颊红的边缘和底色接合要自然。常用的颊红是大红加一点朱红，或加一些底色。

鼻侧影：一般画鼻侧影的色彩是蓝加红、黑加红或棕加红，但都要偏红些。

眼：画眼边用黑色、深蓝色或深棕色。画出形之后，上下眼睑处可用棕红色接边，慢慢地揉上去，内外眼角都要分开，内眼角可以点彩红，外眼角可以画淡黄色。

眉毛：眉毛一般为黑色，先用红颜色打底，范围要大一些，然后用深棕色画第二道，范围缩小些，最后用黑色画出重点，勾出后形。眉毛的前三分之一处，眉毛的下部画淡一些，上边和左右两头柔和一些，这样画出来的眉毛主体感较强，同时也自然。

嘴：一般大红中加少量棕色，有时加一点底色，画时先从上唇中向左画，然后再向右画。上唇比下唇的颜色要深一些，下唇颜色可略加一点浅色，嘴角处可用深红勾出轮廓来。

全面调整：整个妆画完之后，化妆师要站在稍远一点的地方，对演员的化妆要全面看一看，太重的地方减弱，不够的地方加强一些，人中和鼻翼处可以勾一些红线使轮廓更为清楚。

扑定妆粉、修妆：扑粉是关键的一关，粉扑得不好，往往前功尽弃。扑粉时，先用粉扑（纱布或棉花）蘸上粉，扑在脸上有油彩的地方，然后用毛刷（粉刷或棉花）把浮粉轻轻弹掉。一般用的粉遮盖力比较强。扑完后可用湿毛巾轻轻把脸按一遍，再用干深色线条笔，把眉、眼轻轻描一遍。

手、脖子、耳朵、腿：脸部化妆后，脖子、手等不化妆，会有不调和感，非常难看，所以一般手、脖子等也相应地化妆。可用专门擦手颜色。

头发造型：对表现人物的时代、民族、年龄、性格、精神面貌、社会阶级地位有很强的表现力，对改变脸型也起着相当大的作用。所以，面部化妆后，就要搞好头发造型。

改变发型的方法有三种：一是利用演员本人的头发，按需要加以梳理和染色；二是用发套；三是加接或粘贴局部头发。

胡须：男性化妆胡须对人物形象起着很大的作用，它不仅有时代、性格、民族的特点，而且对改变脸型的胖瘦、宽窄也起着决定的作用。

卸妆：先把胡须、头套等粘贴物，用酒精棉或溶剂汽油棉轻轻卸去；再把卸妆油涂在脸上，用手轻轻揉开；然后用棉花擦眼睛部位；再用纸把脸全部擦干净；最后用香皂洗脸。脸洗好后涂上保护皮肤用的氧化锌软膏或其他护肤霜。目前有乳化卸妆油，效果很好。用它卸妆不用纸和棉花，妆揉开后，用湿毛巾的一角先把脸擦干净就可洗脸，又快，又干净。个别演员的皮肤不适应，可改用植物油卸妆。

化妆品的几种简易做法

（1）染涂灰白头发。

用广告白色加甘油或加蜂蜜，适当加些水即可，这样比涂油彩好洗一些。

（2）做鼻油灰。

用吃过的口香糖加上橡皮泥揉到一起就可以用了。但质量稍差。

（3）粘胡子胶水。

把松香块砸碎，放在酒精中泡几天即成，如马上要用，可加热。

化妆特点

青年妆

（1）青年妆的要求。

年轻，要有青春的活力，不能肌肉松弛，老态龙钟；

健美，要健康美丽，不能矫揉造作，不能有病态的感觉；

清楚，化妆后，舞台上演员的眉眼要清清楚楚，干干净净。

舞台青年妆的底色非常重要，一定要用明亮的颜色，颊红也要求比较鲜艳，眼与眉适当地向上翘。

（2）使瘦人较丰满一些。

利用色深浅和颊红的形状可以使瘦人变得丰满一些。在给瘦一点的人化妆时，颊红打开的要非常柔和，整个色彩明亮健壮一些。太突出的地方画暗一些，凹进去的地方可适当加一些淡色，用素描画圆球的方法把颊部画突出，这样就可以达到一定的效果。

（3）使胖人稍瘦些。

从鱼尾纹处到嘴角画一条长形的红色阴影，并和底色接合好；颊红色可以画的愣一些，腮帮处要暗一些，这样就能收到较好的效果。

还可以用两种底色的办法来解决，额头、鼻梁，一直到下巴，用的底色要亮一些，太阳穴、下颌骨处用的底色要暗一些，但不能太深。暗色用朱红加蓝，效果比较好。脖子一定要画暗色，如不画就会比原来还要胖。

（4）使鼻子的轮廓更清楚。

画鼻侧影的时候，内眼角和鼻梁之间，为明显分界线，从鼻窝开始起笔，一条线到鼻尖打匀，鼻翼处阴影就没有了。一条线到鼻梁中心打匀，鼻子塌可在鼻梁中心加一道高光线，使之有立体感。但切忌画出两道火车轨。

（5）改变脸形的长短。

利用鼻侧影可以改变脸型。鼻子短的人，鼻侧影从眉头处或再高一些的位置起笔一直向下画。把鼻子画长，脸也自然显得长了一些。鼻子过长，画鼻侧影不要从眉头起，而应从眼窝抹过去，同时鼻头底下画一些暗色，鼻子就显短了，然后再把发根往下缩短。下巴底下用暗色，这样整个脸就显得短了。

（6）眼睛的画法。

画好眼睛必须懂得几个道理。

①和光的关系。我们日常生活中和在舞台上，一般光源都是从上边来的，例如日光、灯光、月光，上眼边的背光面，总有一个固定不变的阴影。我们就利用这块阴影来改变眼睛的大小。具体做法就是根据要求把阴影画成圆形或方形。

②从生理上看，上睫毛浓，下睫毛短而稀。所以，化妆时把上眼边画宽，下眼边画窄一些。

③色彩的对比。如果为了放大眼睛，把眼的周围都画上黑边，不但达不到所求的效果，反而，显得一团漆黑。所以画眼边必须把肉眼角和外眼角分开，用其它的色彩来衬托对比。这样，在远处才能看出光彩奕奕的眼神来。一般肉眼角用彩红、外眼角用黄色来衬托，但不能过分，否则就像烂眼角。

④利用移位放大眼睛。人的眼球一般藏在上眼睑三分之一处，而下眼睑离眼球有一点距离，所以，放大眼睛要移动下眼睑线，而把移过的空白处假设为白眼球。这假设的白眼球色彩，要根据底色来变化，但不能太突出，否则那块肌肉就出来了，就会把眼睛挤得更小。用皮肤的本身颜色，效果非常好，移位线也不能太宽，移多了会起相反效果。切忌移位上眼睑，否则就像瞪白眼。

（7）几种眼形的画法。

吊眼：如果演员的外眼角太向下，想给他画精神些，可把上眼边靠内眼角线画窄一些，向外眼角逐渐加宽，下眼边线靠内眼角离眼远一些，外眼角靠近眼睛画得细一些，这样眼睛的形状就可以扭过来了。

按这种方法，可以画出各种不同的眼睛，但改变眼也是有一定的限度的，决不能离开演员的眼球去改变，否则你把外眼角挑的再高，本身的下挂眼也是改不了的。

（8）改变嘴形。

大而厚的嘴唇画小嘴唇，先要将嘴唇用底子油彩盖住，然后在嘴的地位，重新画上小而薄的嘴形，可再用深红或棕色勾出明显嘴角交界线。嘴角处可用黄色或肉色衬托。薄唇加大加厚，就要把嘴唇颜色画出嘴的范围，也勾出轮廓线，用浅色衬托。

小孩妆

一般规律师小孩脸形圆、腮红形状圆一些。鼻子短，眼也圆，眉毛短或淡一些。底色鲜嫩红润。

中年妆

中年人的化妆比较难掌握，化妆师处理这类角色时要持谨慎态度。演员本人已具备中年人的特点，只要按角色要求处理一下就可以了。年轻人扮演中年人，就要按中年人的特点适当刻画。中年人的特点是鼻唇沟开始显露，额纹、鱼尾纹都隐约可见，面部骨骼也初步现出轮廓。化中年人妆时，画出来的结构不要太过分，脸部线条不宜太多、太乱。

老年妆

老年人面部肌肉松弛，皱纹增多，皮肤失去弹性，颜色变暗，骨骼突出，毛发也由于衰老而脱落变得又少又白。

（1）先打底色。

一般老年人的底色要暗一些黄一些，在土黄中加一点朱红和肉色即可。同时还要根据剧本的要求和演员本人肤色来决定。

（2）画暗部。

用红加蓝或红加黑都可以，把额沟、鼻侧影、鼻唇沟、下眼帘、颧骨下部，下唇沟、颞窝，每处的线像都要有线有面，有起伏，不要画得像刀刻的，要根据肌肉转折来画。

（3）画亮色。

用黄色加肉色涂在额丘、眉弓突起、颞线、颧骨突起、下眼帘阴影的下部、眼泡上、下颌角下巴亮等突出的部位。但这些部位的色度也有深有浅。

（4）画皱纹。

这是辅助性的，千万不要强调过分而破坏了主要的骨骼肌肉的关系。

抬头纹：结合演员本人的可能性和基础，在额头上搭着几条，但不能过多，多了上下打架，看不清楚。

眉间纹：在眉中间的两三条皱纹。爱皱眉的演员眉间纹可不必画。

鱼尾纹：外眼角上几条放射纹。

鼻间纹：鼻子横部的几条横纹和斜纹。

放射形纹：嘴边的纹。老太太妆画的最多，老头要粘胡子就不必画了。

笑纹：在面颊上的几条松弛的纹。

以上画皱纹要注意有层次，有重点，每一条纹都要有粗细，有长短，打出来面和点的宽窄都不一样。

皱纹的光源要统一，一般受光处画亮色，背光面画暗色，这样的皱纹真实感和立体感强。

（5）画眼睛。

老年人的眼睛外眼角下坠，用棕色画眼边，或在眼睫毛上画一些白色，就可以了。

（6）眉毛。

人到老年眉毛增加或长出很长的眉毛，叫寿眉。这种眉毛很能增加老年人的风度。画老年人眉毛用白色油彩倒着涂在眉梢上。不太清楚时，可在眉下边画几条黑线，以衬托白灰眉毛的突出。

（7）颊红。

用棕红色。面积要小，与颊部的阴影、笑肌的线结合起来画，衬托住颧骨。

（8）嘴。

用暗红色，上唇可以用浅色。画时可根据唇上的竖纹画许多小道道，增加嘴的收缩感。嘴角处下挂又往上吊起，形成嘴角下坠的肌肉。

（9）粘胡子。

一般用现成的胡套，如没有，可以用毛线坯子代替。准备好需要的颜色，用时，把毛线坯子梳成一缕一缕的。先在下巴处涂上松香胶水，从后往前一层层的立着往下巴上粘。粘时用剪刀剪出斜面。拍完了用湿布压一下，再进行梳理。上唇粘法也一样，只在外嘴角处先把两缕往外斜着粘好，再往中间粘。否则，妨碍演员说话和唱歌。

种族妆

黄、白、黑种人的特点

	黄种人	白种人	黑种人
头发颜色	黑 棕	金黄、浅棕、黑	黑
头发形状	直 发	波 状	羊毛卷
头形状	中	长	广

	黄种人	白种人	黑种人
鼻 形	中	狭	广
眼	黑、棕	碧蓝、黑、灰、棕	黑
嘴	中	薄	厚

（1）黑种人。

用深褐色打底色，直至耳后脖后，而且一定要打匀。眼睛和嘴的部分少打底色。鼻侧影要重，可以用黑色。先用鼻油把扁大的鼻子粘好，鼻子画宽一些，鼻孔也要画上黑色。眼睛圆而大，内眼角高，内眼角处点上彩红，外眼角分开衬上浅色，眼窝处也要逐步打开，下眼边可先加稍许浅蓝，再加上黑色。眉毛画黑色。打完粉后，眉眼最好用锅烟黑刷一下。男妆不打腮红，女妆要用大红加白的浅红打腮红。黑人的额丘、皱眉肌比较发达，根据人物情况，可适当加强。

（2）白种人。

头发要用头套。底色以肉色发粉为主，腮红用大红加一点白色，鼻侧影用朱红加黑或深蓝，除特殊鼻子需要加鼻油灰外，一般都可以画出来。画眼睛要抓住重点，内眼角抬高，肉眼窝的阴影要深陷，外眼角往下用棕色，眉骨要突出，下眼边在靠近睫毛处先用孔雀蓝色画一道，再用棕色画下眼边，这样达到扩大白眼球的作用，眉毛一般靠近眼睛。嘴唇薄，上嘴唇下稍方，可在人中、两边嘴角和下唇下方与下巴交界处点上红色或蓝色点，以使轮廓清楚。然后打扮，女妆可粘睫毛。

淡妆

（1）底色。

根据本人的皮肤颜色而定。皮肤滋润有弹性、皮肤颜色也比较明亮的，尽可能不打底色或少打底色。先用浅底色轻轻拍在脸上，薄到可看见演员本人皮肤的毛孔。皮肤贪黑，底色适当的厚一点，脸与脖子结合处，底色要渐渐消失；否则是一个脸壳。

（2）鼻侧影。

鼻子两侧的化妆轻重要恰当。先用橄榄色加一点底色在鼻子两侧轻轻拍出面来。肉眼角靠鼻子处作为一个重点，鼻子高大者，颜色要深。几乎只比底色深半度，除重点外都是虚阴影。鼻子是一个圆体，画的越自然越好。

（3）腮红。

由皮肤中透出的一种红润，给人以健康感。化妆时不能单纯的用大红，要加底色、加白色、淡淡地拍上，在腮红的周围要渐渐地过渡到消失。面颊凹部用比底色更淡的颜色打上，要和腮红颜色柔和起来。

（4）嘴的画法。

一般男妆用浅棕加一点红即可，有的人也可以不画。女妆要画得稍明显一些，但不用单纯的大红或朱红，要适当加一些底色。市面卖的口红，有山茶色，有桃红色，可根据情况选用。嘴角处不要顺着本人的嘴往下走，这样容易嘴角往下挂，不精神。画时适当往上抬，在下嘴唇外角处，衬一些淡底色。嘴形太大或太鼓不必描得太清楚，嘴太小时就要把嘴的边缘线画清楚。

（5）眼。

用棕色或橄榄色靠近上睫毛边画一条线，用一支不沾油彩的干笔逐步往上打匀，加很少的土黄和朱红，到眉骨处逐渐消失。颜色尽可能用的要少，几种颜色加起来也不要超过半粒小米那么大。眼泡丰满，要画深一些的阴影，眼窝凹就画浅一些，甚至可以比底色浅。外眼角阴影往上逐渐淡下去，肉眼角在平里走阴影逐渐消失。下眼睫毛边线要画得很细，两头渐淡。

（6）眉毛。

先在本人原基础上适当地修饰好，把多余的用捏子去除。化妆时，眉的前三分之二是重点，用橄榄色。眉前头、眉上头、眉尾都要渐渐的虚过去，用化妆笔轻轻的一根根的画上。忌用纯黑。

（7）粘假睫毛。

是使眼睛明亮清楚的一种办法，用于女妆。一般选择比较逼真的假睫毛。在边缘涂上胶水，粘在靠近上睫毛的地方。用完之后可以取下保存好，下次再用。

第六章
音乐表演

音乐表演

音乐的再创作活动。通过乐器的演奏，人声的歌唱，以及包括指挥在内的多种艺术手段，将乐曲用具体可感的音响表现出来，传达给听众，以发挥其社会功能。它是音乐创作与音乐欣赏的中介，是音乐活动中不可缺少的环节。指挥家、演奏家、歌唱家等通过自己的艺术实践，对乐曲做出不同的解释和表现，从而给听众以不同的影响和感受。因此音乐表演也是音乐的一种再创作活动。

概　述

从历史的角度来看，音乐表演与音乐艺术的发展关系密切。各种体裁样式的出现与逐步多样化，虽有其复杂的社会原因，但与音乐表演手段以及所采用的表演方式具有紧密联系。今日常见的，对音乐体裁的基本分类法，如声乐、器乐、戏剧音乐等就是以表演手段的不同为其分类依据的。某些体裁的命名也与表演形式有关，如室内乐、大合唱、曲艺音乐等。

音乐表演与创作的关系更为密切。最早，表演与作曲是合二为一的。即兴创作与即兴表演就是民间音乐的特点，也是专业音乐家的创作手段。这些传统，在东方某些民族中仍然保持下来。在西方，记谱法出现以后，很长一段时期也仍保持这种状态。文艺复兴以后，专业作曲家与专业表演家才逐步出现分工。到 19 世纪为止，许多作曲家仍是优秀的表演家（包括独奏家及指挥家）。20 世纪以来，这种情况虽已减少，但在创作及表演两个领域都有显著成绩的音乐家们仍不多见。

音乐表演与创作是相互促进的。在创作过程中，作曲家通过演奏来调整、肯定自己的乐思。作曲家对音乐表现能力的追求推动了表演艺术的进步；演奏技巧的发展也丰富了创作的表现手段。通过表演，从听众的反应中更可以检验作品的社会效果。

对于听众来说，表演不但是欣赏、理解音乐内容与形式的必要手段，也可以从不同表演的比较中欣赏、鉴别、认识由于表演者对乐曲的不同解释而被强调的音乐的某些侧面；同时不同的演奏风格、表演流派，以及表现技巧地提高，促进了听众对音乐的欣赏和理解。

再创作

音乐表演是一种具有创造性质的艺术活动。这是由音乐艺术本身特点所决定的。为了保留作为音响的音乐，在以往无非采用两种方法：一种是通过表演家的口传身授将音乐流传下去；一种是通过记谱将音乐变为某种乐谱保存下来，供后人演奏。然而，记忆是不可能始终不变的。迄今为止的任何记谱法也不可能将音乐的各种复杂要素都毫无遗漏地全部记录下来。这就使得乐曲的每一次演奏都会带有某种变异。因此，表演艺术家对乐曲的解释就成为关键性的一环。演奏家的这种带有主观能动性的解释，就是一种再创作活动。在此，再创作活动是通过反复多次演奏而逐步深化的（也有演奏家因多次同样演出而陷入僵化的情况）。20 世纪以来，随着录音、广播、电影、电视等公共宣传手段的发展，在录音录像演奏中，只需要一次表演就可满足大量听众的要求。因此，对演奏家的表演要求尽善尽美，尽可能的完整。在另一方面，却又减少了反复演奏带来的优点，即演奏家现场随机即兴再创作的特色。

对于乐曲的解释及再创作，根据时代、民族的不同，大致有自由与严格两种情况。一般来说，西方巴罗克时代以前的音乐以及许多非西方的音乐，允许再创作（或即兴创作）的尺度较宽，其原因或是由于传统的习惯，或是由于记谱法的不够周密。这样，在表演时往往根据记忆或乐谱所提供的音乐基本骨架，进行某种自由而即兴性的补充和发挥。古典时期以后的乐曲，则严格地照谱演奏，即兴创作只限于作曲家所指定的部分，如协奏曲的华彩乐段等。表演的再创作主要体现在对乐曲的处理方式上，如速度（包括自由速度）与缓急法、分句、强弱对比、发声，以及对音乐某些要素（如和声、音色等）的强调或削弱。如果演奏家熟悉某个历史时期音乐的特点，例如对速度术语强弱标记的习惯含义，惯用的装饰音奏法等等，并较忠实地再现乐谱所规定的内容，往往就能体现当时的时代风格，这被称为较严谨的演奏。相反，若做较自由的处理，则会带上本人的习惯及趣味，体现出个人的特点。一般来说，时代风格与个人风格两者的关系如何，因表演艺术家的音乐修养、表现技巧以及个性的不同而有不同层次的差异。

表演艺术家与流派

对表演艺术家的要求，因使用的表演手段不同而有所差异。例如对指挥家的要求应包括能组织并激发乐队队员的情绪的能力，而钢琴伴奏家则要善于烘托独唱或发挥独奏家的特点等等。但从大的角度来看，不外乎两个方面：一是具有丰富的艺术修养，能掌握各个历史时期音乐的不同特征及特定的表现手法；二是掌握较高的演奏技巧，可以做到技随心出，挥洒自如。对具体作品则应做到不是机械地再现乐谱上的音符，而要能体现乐曲的丰富内涵，既有时代风格，又有个人的特点。

如果一群表演艺术家对音乐作品的理解相近，表现手法及表演风格比较相通，由于历史或社会的原因，形成了较稳定的表演传统，具备了自己的特色，就可以说是形成了某种表演流派。各民族在各个时期都先后形成了诸多的音乐表演流派，各种流派的特点往往经过音乐教育流传到后世，使音乐文化呈现出绚丽多姿的风貌。在西方，器乐中的钢琴、小提琴及声乐的演唱流派比较突出。在中国，民族器乐中的古琴、琵琶以及有关戏曲演唱的流派，都具有特色。近年来，声乐的演唱流派也在逐步形成。

表演理论

对于音乐表演的理论古今中外都曾进行过多方面的探索，包括对每个时期的表演风格、具体乐器及声乐技术的专题研究，散见于众多的文献中。在中国，论述表演的古老记载不少。尤可注意的是元朝以后对戏曲以及古琴表演的论著，如元朝芝庵所著的《唱论》、明朝徐上瀛所著的《口山琴况》、清朝徐大椿的《乐府传声》与蒋文勋的《琴学粹言》等。20世纪以来西方较值得注意的表演艺术通论及音乐演奏通史方面的理论书籍有：哈斯的《音乐表演史》、多里安的《音乐表演的历史》、达特的《音乐的解释》、韦斯特拉普的《音乐解释》等。

独　　唱

独唱是一个人演唱歌曲，常有伴奏。

（1）亦作"独倡"。独自倡言，单独提倡。宋苏轼《馈岁》诗："亦欲举乡风，独倡无人和。"

（2）独自吟咏、吟唱。唐鲍溶《送僧东游》诗："独唱郢中雪，还游天际霞。"宋梅尧臣《依韵和原甫省中松石画壁》："画来二十年，数偶未辄爱……今逢茂陵人，独唱亦豪迈。"

（3）一种声乐演唱形式。由一人单独演唱，常用乐器伴奏，亦有用人声伴唱者。《新唐书·南蛮传下·骠》："丝竹缓作，一人独唱，歌工复通唱军士《奉圣乐》词。"邹韬奋《萍踪寄语》六九："一种是单人独舞，如唱歌之有'独唱'一样。"

由一个人演唱的形式叫独唱。因性别和个人的条件、音色不同，又可分女高音、女中音、女低音、男高音、男中音、男低音等独唱。其音色特点是：女高音华丽灵巧，女中音温柔圆润，女低音丰满宽厚，男高音高亢明亮，男中音浑厚庄严，男低音低沉庄重。他们之间的音域也各不相同。女高音中还分：音色清脆灵巧的花腔女高音；音色秀丽甜美的抒情女高音；音色刚强壮实的戏剧女高音。男高音中有音色明朗而抒情的抒情男高音；音色壮丽而坚实的戏剧性男高音等。

二 重 唱

音 乐

二重唱是音乐名词，是同等重要的二人唱，不论有无伴奏，都称作二重唱。从演出形式上分有：声乐二重唱（即供两人歌唱的咏叹调）或一般性的歌曲，通常皆有乐器伴奏。前者为歌剧中的重要部分，特别是"爱情二重唱"，在歌剧中经常采用。歌剧以外的二重唱，可于舒伯特、舒曼、勃拉姆斯、门德尔松等作家的作品中见到。早期无伴奏的二重唱，是 16 世纪称为"比契尼恩"的二重唱。17 世纪的室内二重唱，皆有伴奏，它有很高的艺术价值与教育意义，那是更高级、典雅的音乐。

二重唱的种类：即有同声二重唱（包括男声二重唱、女声二重唱和混声二重唱）。

男声二重唱

同音色的二重唱可以表现对立，特别是男声二重唱。19 世纪的歌剧舞台上甚至把"决斗二重唱"作为一种特定的类型。

例如《奥赛罗》第二幕的终场是奥赛罗和亚戈的"复仇"二重唱，作曲家让雅戈的旋律像固定低音那样顽固地坚持，在他的挑唆下，奥赛罗的情绪被激怒到了顶点。

还有柴科夫斯基在《奥涅金》第二幕第二场中的奥涅金和好朋友连斯基，为一点小事决斗，他们唱同一支旋律，但各人旋律的进入时间不同，音程也不同，更好地表现了对立的情绪。

歌词大意："仇敌！仇敌！我们从前可有难解的怨仇，难道我们不曾欢乐在一起，彼此那样情投意合，可现在默默站在这里，像是世代的敌手，准备冷酷地把对方杀死。啊，在鲜血未染以前难道就不能再和好，难道就不能友善地分手？不！不！"这是男高音和男中音构成的重唱。

在比才的歌剧《卡门》第三幕中斗牛士埃斯卡米洛与霍塞的二重唱也是一段决斗二重唱。

威尔第《唐·卡洛》第四幕第一场中国王菲利普与宗教裁判长的冲突虽然不是你死我活的拼争，但其本质仍然是角色之间强烈地对峙，也可列入这一类。这是两个男低音的重唱。

女声二重唱

无论歌剧剧目的剧情有千种万种，二重唱表现的内容不外乎两种：情绪的统一或是对立。作为最典型的情绪为融合型，以同音色的结合最有效果，女声二重唱比男声二重唱更为多见。这类大抵是和情节关系不大的谣唱性重唱，因此较多地出现在某一场开始部分。如柴科夫斯基《叶甫盖尼·奥涅金》第一幕的姐妹二重唱等。

德立勃的《拉克美》第一幕有一段女声二重唱《来吧，马莉卡》。

拉克美和女仆马莉卡一边唱着优美的歌，一边走向小河，坐船采莲去。这是一段女高音和女中音的重唱。

拉克美：来吧，马莉卡，葡萄树开着灿烂的花，沿着圣洁小溪它把芳影投下，到处是一片静谧，松林间鸟鸣带来生机勃发。马莉卡：此刻我们凝眸微笑，在这幸福一瞬间，不用担心被骗，你的心虽然紧闭，拉克美，但我读出它的诗篇。合：树叶覆盖着苍天，白茉莉向红玫瑰请安。在河边的花坛上，欢乐洋溢在晨风间。来吧，让我们参加它们的聚会，慢慢地滑翔，顺着潮流漂浮，把涟漪击碎看闪烁河水，无心地划桨，泉水也安睡。

还有女中音与女高音之间的争风吃醋，彭奇埃利的歌剧《乔康达》第二幕中劳拉和乔康达的二重唱《我在这里等待》，一曲终了便杀将起来。

《阿伊达》第二幕第一场安涅丽丝与阿伊达的二重唱可谓是一场"文斗"，虽然它经常被庆祝胜利的欢呼声打断。埃及公主用计使阿伊达露出了对达梅斯的真情，安涅丽丝要让阿伊达明白，一个女奴是不配作她的情敌的。

最有趣是贝利尼《诺尔玛》第二幕第一场中阿达尔吉萨与诺尔玛的二重唱《看，诺尔玛》。两个爱着罗马将军的高卢女子相遇，理应有一曲互相仇恨的唱段，不料却是一段化干戈为玉帛的重唱。

另外，理查·施特劳斯的《玫瑰骑士》第一幕有一段爱情二重唱是非常有趣的，因为剧中的男角奥克塔文伯爵，即玫瑰骑士，是个十七岁的大男孩，由第二女高音饰演，因此他和公爵夫人偷情的二重唱，就成了同声的爱情二重唱。

混声二重唱

混声二重唱是男女声部之间的组合，除了音色方面有更多地选择余地之外，在内容上也可能有着更为戏剧性的因素，因为那可能发生在父女的、母子的、以及各种关系的男女角色之间。例如威尔第《游吟诗人》第二幕第一场阿珠丽奇和曼利可这对互不知真情的母子二重唱。

而二重唱形式中最动人的莫过于男女声的爱情二重唱了。在这一形式中既有音色的对比，又有感情的抒发，几乎每一部歌剧都有"爱情二重唱"，它是作曲家刻意展示的重要段落。

例如歌剧《茶花女》中每一场都有动听的男女二重唱。下面介绍的是终幕阿尔弗雷德赶来看望病危的薇奥丽塔时两人的重唱："让我们离开这万恶的世界，这里充满了痛苦和悲伤，我们要走向那遥远的地方，去迎接快乐和幸福。命运在那里向我们微笑，把痛苦和悲伤永远忘记……"

还有莫扎特在他的歌剧《女人心》中对重唱又有了特殊的设计，他让两对情人以平行三、六度进行重唱或模仿，在这种完全亲和的音程运动中，两个声部融为一体，旋律的性格也随之磨平了个性而倾向一般性。也许莫扎特认为，这两位女子的表现才是女人的共性呢！

二重唱的结构方式

1. 音色变奏

简单的歌曲型二重唱是音色变奏，即同一旋律由不同音色各唱一次，然后再以结合的音色唱一次。在歌剧中这样的例子很多。例如：《魔笛》第一幕第二场中帕帕基诺和帕米娜的二重唱、唐尼采蒂《拉美莫尔的露契亚》中第一幕第二场《乘着微风上》等等，都是同一旋律男女声轮流演唱一次，然后是平行三、六度进行。

古诺的《罗密欧与朱丽叶》第一幕第一场，罗密欧与朱丽叶初识时唱了一句歌谣式的乐句，在朱丽叶重复了一次之后，罗密欧又用同样的旋律表示他与朱丽叶心心相印，最后这对主人公以平行六度的二声部重唱结束了这段音乐。

有时由于音域的差距，也可用不同的音色在不同的调性上演唱。例如歌剧《弄臣》第二幕结束的二重唱就是这样的例子，弄臣和他女儿先是同唱一样的旋律，最后再平行进行。

莫扎特把他《唐·璜》中像这样类型结构的第七分曲《把你的手给我》称作"小二重唱"。花花公子乔凡尼请求农村姑娘采琳娜到他的城堡去，最初她心存戒备，装饰性的音调表示着她的内心犹豫不决，两个声部合唱的段落中有时分有时合，但最后终被说服，两声部相合演唱。肖邦非常喜欢这一段，因此以它做主题写了一首变奏曲。

2. 多段综合

在浪漫主义的早期作品中这一类型的二重唱几乎都有宣叙调作引子，然后在一慢板一快板的基础上把快板部分扩充。当乐段的长度和难度方面有进一步地发展时，就构成了大二重唱。例如《特里斯坦和伊索尔德》中大二重唱占了整个第二幕。普契尼的《波希米亚人》第一幕、威尔第《假面舞会》等也都有同样的表现。

《蝴蝶夫人》第一幕巧巧桑与平克尔顿的"爱情二重唱"是普契尼歌剧中结构最复杂的一首二重唱。它由四大段组成。第一段是个三段体结构，第二段与第一段相同，第三段是多主题的拱形结构，在这段中出现了许多动机，最后一段是巧巧桑初次上场的主题。这段二重唱以 A 大调为中心，但却结束在 F 大调，以六和弦结束。

第一段是建立在 A 大调上的安静的小行板。开始是这样的："夜色已降临，多么美丽的夜晚，我们在一起……"

第二段为缓慢的行板，由 A 大调转中段 F 大调，再现时回到 A 大调，下面是由平克尔顿开始的饱满柔和的歌声："亲爱的，你的眼睛里闪着光辉，使我入迷……"中段是庄重而宁静的行板，速度稍快些，复又回到开始的 A 大调音调。

第三段为多主题的拱形结构，其中还含有许多动机。由平克尔顿演唱，此为 A 大调："亲爱的姑娘，请你不要这样……"

巧巧桑接唱回，稍快的行板，转入 D 大调："请听，我亲爱的，当一见你，话儿多么甜蜜……"

这段唱逐渐又转向降 D 大调，巧巧桑唱道："你是这样的健壮，你的话语是这样的迷人，你的笑声是那么的爽朗。"经过一段过门进入另一行板层次，速度、力度也富于变化，曲调由降 E 大调转为降 B 大调—降 C 大调，然后在 A 大调上二声部重唱：

"亲爱的，你爱我吧！请不要让我悲伤……"

最后的第四段为行板，把巧巧桑与平克尔顿的爱情二重唱推向高潮，音调中含有巧巧桑初次出场时的主题。调性布局为 A—降 A—F。歌词大意：多么迷人的夜晚，来吧，它深深地把我们拥抱……"

这多段综合结构的爱情二重唱以 A 大调为中心，最后在 F 大调的主和弦上结束。

三 重 唱

概 述

三重唱是一种专为三人合唱所谱制的乐曲。在歌剧中，除二重唱被广泛运用外，三重唱亦是最常见的一种声部组合形式。

莫扎特就十分爱用三重唱，《女人心》第一幕第二场阿尔方索安慰两位青年的未婚妻时用的就是三重唱。在莫扎特的其他歌剧中，三重唱往往与二重唱、四重唱、五重唱等混合使用，其织体形态时而是自由模仿式，时而是对话式，时而是衬托式，时而是柱式，用得十分灵活。《卡门》第三幕第二十分曲是一段三重唱，前面的大量篇幅是两个吉卜赛姑娘洗牌算命的二重唱，然后进入卡门的声部，形成织体自由的三重唱，先为衬托式，最后为柱式。多种重唱形式混合使用的现象，在《费加罗的婚礼》中更是屡见不鲜。

另外，还有威尔第创作的歌剧《欧那尼》1830年2月15日在巴黎首演时，全场报以热烈的掌声。歌剧故事叙述爱尔薇拉被迫和老公爵吕古梅结婚。但她却爱上了年轻英俊的西班牙大盗欧那尼，并准备一起私奔。然而国王唐·卡罗斯也前来向爱尔薇拉求爱，因公爵上场，他们的计划都被打乱。国王绑架爱尔薇拉，欧那尼赶来与国王决斗，国王却认为强盗不配和他决斗而拒绝。不久国王带兵捉拿欧那尼，欧那尼逃走。吕古梅公爵与爱尔薇拉结婚。欧那尼乔装香客借宿，前来相会爱尔薇拉，恰逢国王征剿大盗。吕古梅公爵出于贵族的荣誉，不肯交出欧那尼，国王把爱尔薇拉捉去做人质。欧那尼为报答吕古梅，拿出号角，无论何时，只要公爵需要，欧那尼立刻献出生命相报。后来欧那尼和吕古梅的反国王势力集会，被叛徒出卖。国王决定处死参加叛乱的贵族，赦免欧那尼，并将爱尔薇拉许配于他。在新婚宴会上，忽然传来号角，吕古梅前来要命。欧那尼决不反悔，爱尔薇拉在欧那尼自刎便后随之而去，吕古梅深感痛苦，也自杀。终场也是一段感人肺腑的三重唱。

三重唱的结构

除了在某一戏场面中插入的短至一两句，长至更多一些乐句的乐段式三重唱结构外，还有赋格式和交响式。

1. 赋格式

罗西尼《塞尔维亚理发师》终幕的暴风雨过后三重唱（宣叙调和三重唱），体现了一种多主赋格式的结构。这是巴赫之前的赋格形式，乐曲的每一句都有自己的答句，整个乐曲由一连串的应答构成。

在三重唱之前是一段宣叙调，交代了情节的发展。风雨平息后伯爵阿马维瓦和费加罗沿着落水管爬上露台，潜入屋内。两人唱了一段宣叙调。

费加罗："我们终于到了！"

阿马维瓦："快亮灯吧，罗吉娜在哪里？"

罗西娜出现了，她不知两人的计谋，唱道，"休想把我当玩物！"

阿马维瓦承认自己就是罗西娜仍然爱着的林多罗，此时误会消除，皆大欢喜。

接下来的三重唱中，它的第一主题由罗瓦娜陈述，F 大调。

罗西娜："啊，这瞬间，实在美妙，阿马维瓦和伯爵，竟然就是一人！多么意外，令人激动万分！"转调过渡由费加罗担任，他在一旁插嘴道："现在她知道自己所爱的人是谁了，这都是我的功劳！"答题由伯爵在属调上演唱："啊，这瞬间，实在快乐，它来得意外，令人激动万分！"费加罗的旁白又把调性引回 F 大调，然后是主题在他的声部上的进入："看吧，靠了我的聪明才智，有情人才能在一起。"

第二主题是一段花腔式的旋律，充分表现了主人公的喜悦心情。这一主题仍由女主角首先呈示，答题由伯爵紧跟，费加罗的旁白由第一段的句后过渡进而为句中的呼应。罗西娜："哦，结合在一起，多么幸运，不再忧伤。"阿马维瓦："哦，结合在一起，多么幸运，不再忧伤。"

这次是一个宣叙式的间插，这段的末尾三人以花腔形式结合起来。

第三主题是一个欢快的歌曲，改由伯爵首呈，与前两段不同的是主答题之间的关系不再是简单的音色交替变奏，而是音色的叠置，因此当费加罗声部继罗吉娜答题之后的进入时，已是三部重合：

伯爵：紧步轻声，遮灯莫慌，沿梯穿窗。

罗西娜：紧步轻声，遮灯莫慌，沿梯穿窗。

费加罗：紧步轻声，遮灯莫慌，沿梯穿窗。

罗西尼的这段三重唱是采用多主题赋格式的格律形式。它恰当地表现了戏剧发展环节上不同角色的同样心情。不同的主题又多侧面地揭示了人物心境的层层递进，因此成为歌剧中脍炙人口的精品。

2. 交响式

莫扎特把他的交响乐写作技巧用进歌剧的创作中。《费加罗的婚礼》第一幕中伯爵正想调戏苏珊娜，恰被音乐教师巴西利奥撞到，而苏珊娜又为了要藏匿凯鲁比诺而紧张。表现这一情景的第七分曲的三重唱是一个三部性的结构，呈示部主部有两个动机，其一是表示伯爵的气愤，其二则为巴西利奥的道歉。连接部由苏珊娜唱出，之后在 F 大调进入第三动机，那就是表示这三人都很尴尬的动机。虽然这三个动机的素材与剧中人物的咏叹调旋律并无关系，但在这段重唱中却也能把人物在情景中的心态表现得很好。

四重唱

　　所谓四重唱，就是四声部合唱的复音歌曲。这种作品，是由作曲家弗莱米斯于1450年左右创立。16世纪的许多歌曲例如《经文》、《弥撒曲》、《牧歌》等，均由四部组成。以后有扩充为五部、六部至八部的结构。17世纪，四部合唱作品只用于英国的无伴奏的格利合唱和德国的圣咏合唱。到了19世纪，由于英国的合唱俱乐部倡导的一种叫做"a cappela"的无伴奏合唱，而且，此类作品被认为是研究和声学及对位法的最佳途径。

　　在歌剧中是指在同一戏剧场景中，四个出场人物的戏用四重唱形式来表现各人的心理情感状况，这是作曲家的常用手段。例如普契尼的歌剧《艺术家的生涯》中的第一幕诗人、画家、哲学家、音乐家这四个穷困潦倒的青年在拉丁区破旧阁楼上生火取暖、狼吞虎咽的时候，便穷开心地唱起了四重唱。

　　威尔第的歌剧《奥赛罗》第二幕第四场，黛丝德蒙娜为卡西奥求情，给妒火中烧的奥赛罗火上加油，令其言语充满恼怒，黛丝德蒙娜问道："是什么叫你心烦？"奥赛罗称"头痛难忍……"黛丝德蒙娜拿出手帕要为奥赛罗消痛，奥赛罗粗暴地将手帕扔到地上："你快走！你快走。"就在这矛盾冲突激化的关键时刻，威尔第安排了一段黛丝德蒙娜、奥赛罗、雅戈、雅戈之妻爱米丽亚的四重唱。奥赛罗与黛丝德蒙娜痛苦万状，爱米丽亚指责丈夫施阴谋诡计，雅戈强令爱米丽亚将捡起的手帕交给他。这段音乐对此时各人的心理作了微妙地解释。

　　还有《弄臣》第三幕中公爵、玛德琳娜、吉尔达、弄臣的四重唱，先让各个角色逐一亮相，最后，再把四个声部巧妙结合。

　　弄臣计划在刺客开的小客栈里把公爵杀死。公爵来到后与刺客的妹妹玛德琳娜调情。弄臣的女儿吉尔达在窗外见此情景，感慨万分，而弄臣决心要复仇。

　　这段四重唱中先是公爵上场，他以甜言蜜语向玛德琳娜献殷勤。

　　公爵：美人，我记得，有一天我曾和你相遇。

　　玛德琳娜：放开我，你好轻佻！

公爵：唉，你怎么一碰就叫！

玛德琳娜：别胡闹……

他们的打情骂俏恰好被窗外的弄臣父女听到。

弄臣：（对女儿吉尔达）难道他的表演还不充分？

吉尔达：无情无义的人……

接着是公爵旋律的反复，同时与其他三人的旋律交织。

公爵：赞美你。我的爱神，我是你忠实的仆人……

玛德琳娜：哈，哈，你开这样的玩笑，我觉得十分好笑……

吉尔达：多么丑恶啊，同样的谎言，我曾倾听，我曾相信。

心儿受欺骗，多么不幸，多么伤心。

（白）我怎会爱上这样的一个人！

弄臣：安静，安静，你何必眼泪流不停，他欺骗了你，这已得到证明。安静，安静，我要立刻报仇雪恨，加速进行，似霹雳雷霆，一下子结束他的生命！……

作曲家在乐曲的最后把主要旋律交给吉尔达，一连串的音乐刻画了她内心剧烈的痛苦。

我们从这段音乐中可以看到，威尔第是以公爵的声部为主，其余三个声部都是装饰性的对比，但它们的旋律又都有各自的特点，充分显示了每个角色的曲调特征和人物性格。因此这段音乐既清晰又有立体感成为该剧中的经典，受到原剧作者雨果的赞赏。

另外，四重唱并不一定都是戏剧性很强的场面，有时只是情节发展进程中的一个短暂中止。例如贝多芬的《费德里奥》第一幕第一场中的四重唱，列昂诺拉乔扮男装，不料被典狱长罗科的女儿玛切琳娜看中，这又引起她的情人雅基诺的不快。这段音乐的主题是相同的，但歌词不一。旋律先由女高音的玛切琳娜唱出，继而分别由列昂诺拉、罗科以及雅基诺以八度进入模仿。贝多芬用这样的织体表示他们议论的是同一件事，因此模仿声部的歌词听不清也无碍大局。在歌剧《浮士德》第三幕中玛格丽特、梅菲斯托费勒斯、玛尔塔和浮士德的四重唱也没有强烈的戏剧冲突，也只是普通的终场而已。

大多数的作曲家都希望四重唱由均衡的男女高低音声部组成，而这愿望又必须符合剧情的发展才行，这就使得四重唱的发生概率相对要少些，不像二重唱那样几乎是每一部歌剧都有。其次，声部的关系复杂总是影响到效果的清晰，这就使得四重唱的篇幅不可能太长。

大 合 唱

　　包括独唱、重唱、对唱、齐唱与合唱（有时穿插朗诵）的，通常由管弦乐队伴奏的多乐章的大型声乐套曲。

　　大合唱指集体演唱多声部声乐作品的艺术门类。它要求歌唱群体音响的高度统一与协调，是普及性最强、参与面最广的音乐演出形式之一。人声作为合唱艺术的表现工具，有着其独特的优越性，能够最直接地表达音乐作品中的思想情感，激发听众的情感共鸣。

　　《黄河大合唱》是冼星海最重要的和影响最大的一部代表作。作于1939年3月，并于1941年在苏联重新整理加工。这部作品由诗人光未然作词，以黄河为背景，热情歌颂中华民族源远流长的光荣历史和中国人民坚强不屈的斗争精神，痛诉侵略者的残暴和人民遭受的深重灾难，广阔地展现了抗日战争的壮丽图景，并向全中国全世界发出了民族解放的战斗警号，从而塑造起中华民族巨人般的英雄形象。

　　《黄河大合唱》写成于抗日战争时期。1938年秋冬，作者随抗日部队行军至大西北的黄河岸边。中国雄奇的山川，战士们英勇的身姿激发了作者的创作灵感，时代的呼唤促使他怀着高涨的爱国热情谱写了一篇大型朗诵诗《黄河吟》，后来被改写成《黄河大合唱》的歌词。作品由八个乐章组成，它以丰富的艺术形象，壮阔的历史场景和磅礴的气势，表现出黄河儿女的英雄气概。